Hans-Peter Schneider

Weihnachtstraum

Hans-Peter Schneider

Weihnachtstraum

24 bezaubernde Geschichten für Weihnachten

rosenheimer

www.rosenheimer.com

Titelillustration: Sebastian Schrank, München
Lektorat: Christine Rechberger, Rimsting
Satz: SATZstudio Josef Pieper, Bedburg-Hau
Druck und Bindung: GGP Media GmbH, Pößneck
Printed in Germany

ISBN 978-3-475-54866-6

Für Antonia, Emma, Sebastian, meine Eltern und
meine Weihnachtsfreunde

Inhalt

1 **Träume sind die Wunschzettel des Herzens.**
Das Märchen vom Weihnachtstraum 12
Weihnachtstraum 16

2 **Brems dich selbst! Dann bremst das Weihnachtsglück für dich!**
Die Wahrheit am Heiligen Abend 20

3 **Genießen. Besinnen. Innehalten!**
Bastelanleitung für die Weihnachtszeit 28
NICHTS zu Weihnachten 30

4 **In der Zeit, in der du dich über verpasste Chancen ärgerst, kannst du schon unzählige neue ergreifen.**
Mia san Weihnachten 34

5 **Dein Herz verrät dein Alter, nicht dein Pass.**
Lasst Seppi froh und munter sein 40

6 **Ein Regenbogen ist das Lachen des Himmels.**
Die Argumentationskette am Nikolaustag 48
Nikolauswärme 53

7 **Fantasie ist ein Geschenk, das man nicht kaufen, sondern nur auspacken kann.**
Das Weihnachtsmärchen von der Bedeutung 56
Geborgenheit 61

8 **Jeder Mensch hat im Schnitt nur 80 Weihnachtsfeste. Willst du wirklich noch eines ungenutzt lassen?**
Christbaumkugeln vom Fachmann 64

9 **Wer nicht zugreift, wenn Gott wunderbare Augenblicke bereitstellt, ist selbst schuld!**
Rezept zur Zufriedenheit in Zeiten der Klimaerwärmung 70
Fenster zu deinem Herzen 74

10 **Es gibt keine Sorge, die mit einem Lächeln größer wird.**
Herr Rammelmeyer genießt den Advent 78

11 **Den Sinn von Weihnachten erkennt man im Strahlen von Kinderaugen.**
Weihnachtslichter 86
Weihnachtsruhe 88

12 **Wer immer in der Reihe tanzt, verpasst die Kür.**
Echte Weihnachtsliebe 90

13 **Eine Schneeflocke ist das Geschenk Gottes, der dir sagt: »Geh raus! Freu dich!«**
Weihnachtsabend 100
Wenn Ochs und Esel … 105

14 **Sterne sind das Funkeln in den Augen der Engel.**
Die selbstgebackenen Plätzchen des Chefs .. 108

15 Handy aus! Herzen auf! (Familie an!)
WhatsApp Weihnachts-Chat 116

16 Glanz in den Augen bringt Glanz im Herzen.
Das Weihnachtsmärchen vom Glück 128
Sternlein schön 132

17 Rede nicht immer von Weihnachten! Lebe es!
Der Familienadventsabend 134

18 Wer den Sinn von Weihnachten nicht versteht, hat noch nie mit einem Kind auf dem Arm einen leuchtenden Christbaum betrachtet.
Weihnachtsmarkt mit den alten Freunden ... 140

19 Auf die kleinen Dinge zu achten, heißt, den Blick für die großen geschenkt zu bekommen.
Der Sessel 148

20 Lächeln schenken, Freude ernten.
Die Weihnachtsgurke 154

21 Stille ist die kleine Schwester der inneren Zufriedenheit.
Das Weihnachtsmärchen von der Sehnsucht 164
Weihnachtsstille 167

22 Wärme. Wohlfühlen. Weihnachten.
Die letzte Stunde vor den Weihnachtsferien 170
Weihnachtswichtel Konstantin 175

23 Weihnachten bin ich ganz weit weg! Ohne Stress, Handy und Telefon. Ich bin in mir.
Zwerg Isegrimms Weihnachtswunder 178

24 Zu Weihnachten leuchten für dich unzählige Sterne. Du musst nur dein Herz für sie öffnen.
Der Blick aus dem Fenster 184
Wenn ich mir vorstelle 186

Nachwort 188
Weihnachten nach dem Ausbruch des Corona-Virus 2020 189

1

Träume sind die Wunschzettel des Herzens.

Das Märchen vom Weihnachtstraum

Es war die Nacht des Heiligen Abends. Ein Mann mittleren Alters stand am Fenster und blickte hinaus. Die Lichter aus den Nachbarhäusern erhellten warm die Dunkelheit. Leise und sacht klopften kleine Schneegraupel an die Fensterscheibe und ein unerbittlicher Wind ließ die Sträucher tanzen.

Seine Frau und seine Kinder schliefen bereits tief und fest. Er konnte sich nicht vom Fenster lösen. Schemenhaft erkannte er die Umrisse der Kirche und dahinter die gemächlich ansteigenden Hügel. Die Schneegraupel klopften weiter unablässig an die Scheibe.

»Worauf wartest du?«

Wer hatte das gesagt? Wer war da?

Er kannte die Stimme nicht. Er sah auch niemanden.

»Gib mir deine Hand!«

Hier musste jemand sein! Oder einfach nur ein Hirngespinst nach einem langen, erfüllten Weihnachtstag?

Der Mann blickte sich im dunklen Raum um. Zu seinen Füßen entdeckte er seinen Teddy, sein Kuscheltier, ohne das er in Kindertagen nicht ins Bett gegangen wäre. Seine Mutter hatte den Teddy letzte Woche in einer Erinnerungsschachtel auf dem Dachboden gefunden und ihm freudestrahlend zu Weihnachten geschenkt.

»Lass uns aufbrechen!«

Nun hatte er es ganz deutlich gehört: Der Teddy hatte zu ihm gesprochen. Das Kuscheltier blickte ihn an und zwinkerte ihm sogar lächelnd zu.

»Mach dir keine Gedanken!«, befahl sich der Mann und gab dem Teddy seine Hand.

Plötzlich strahlte durch das Fenster gleißend helles Licht, als würde die Sonne direkt davorstehen. Doch der Mann konnte in die Helligkeit hineinblicken. Er musste sich keine Hand vor die Augen halten und empfand keinen Schmerz.

Er merkte, wie er an der Hand des Teddys langsam zu schweben begann. Wie von Geisterhand öffneten sich die Flügel des Fensters. Sie flogen hinaus ins Licht. Der Mann spürte, wie die Last der vielen Gedanken und Sorgen, die das Erwachsenenalter so mit sich bringt, langsam von seinen Schultern wich. Er empfand Freiheit.

Wie lange sie flogen, konnte er nicht sagen. Waren es Sekunden? Waren es Stunden? Auf einmal erkannte er, dass das helle Strahlen, das alles um ihn herum erleuchtete, aus einem anderen geöffneten Fenster kam. Auf dieses bewegten sie sich zu.

Es war ein älteres Flügelfenster aus Holz. Die Lackfarbe blätterte schon etwas von den Sprossen ab. Aber es sah gemütlich und einladend aus.

Sie flogen hindurch und hinein in ein Zimmer, das der Mann aus allen Zimmern auf der ganzen weiten Welt herauskennen würde. Sie landeten im Wohnzimmer seiner Eltern, und zwar in dem, wie es vor Jahrzehnten ausgesehen hatte.

Ein glänzender Christbaum stand in der Mitte des Raums. Er war mit roten und goldenen Kugeln sowie mit Lametta geschmückt. Echte rote Kerzen brannten. Es roch nach Wachs, nach Räucherkerzen, nach Fichte, nach Orangen, nach … Kindheit.

Leise hörte er ein Glöckchen klingeln. Vor der Tür war freudiges Lachen und aufgeregtes Reden zu vernehmen. Er sah, wie die Türklinke vorsichtig nach unten gedrückt wurde.

Da sprang auch schon ein Junge im Vorschulalter fröhlich und nervös herein. Der Mann erkannte ihn. Er erkannte sich selbst.

Dem Jungen folgten lachend seine älteren Geschwister und seine Eltern. Der Mann sah, wie sich die ganze Familie aneinandergekuschelt um den Christbaum setzte und den wunderschönen Baum bestaunte. Er hörte, wie alle gemeinsam Weihnachtslieder sangen und wie die Kinder darum baten, endlich die Geschenke auspacken zu dürfen. Er roch den perfekten Weihnachtsduft. Ein Duft, der unbeschreiblich und doch ganz einfach, der besonders und doch ganz selbstverständlich ist.

Er spürte das Glück in diesem Raum und die Unbeschwertheit der Kindertage. Er erkannte, wie sicher, behütet und wohl sich er und seine Geschwister als Kinder fühlen durften. Er sah, wie sein kindliches Ich völlig überwältigt vom Zauber des weihnachtlichen Augenblicks zu seinem Vater aufschaute. Und er erkannte, wie glücklich und stolz sein Vater auf seine Familie hinunterblickte, ein Gefühl der vollkommenen Sicherheit.

Genauso stolz und glücklich hatte er vor wenigen Stunden auf seine Familie hinuntergeblickt. Ein Blick aus einer anderen, einer erwachsenen Perspektive. Aber ein Blick, der in ihm so viele wundervolle Augenblicke der letzten Jahre und Jahrzehnte aufleben ließ. Ein Blick, der seinen Kindern nun die vollkommene Sicherheit schenkte. Ein Blick voller Zufriedenheit und Glück und Dankbarkeit. Für alles.

Plötzlich stand der Mann wieder in seinem Haus am Fenster. Der Teddy saß zu seinen Füßen und schaute zufrieden aus. Er hob ihn auf, lächelte ihn an und flüsterte ihm zu:

»Alles zu seiner Zeit. Ein Traum.«

Weihnachtstraum

Ein Traum ging auf Reisen,
ein Traum flog ins Glück
er wollte sich reißen
vom Himmel ein Stück

Er flog zu den Sternen
er küsste den Mond
zu Bergen und Meeren
mit Freude belohnt

Nicht ruh- und doch rastlos
zieht er hin und her
erlebt dies und das
und dazu noch mehr

Erfüllt und doch leer
kam er dann zurück
es fehlte ihm sehr
das wichtigste Stück

Als er nun so saß
in Heiliger Nacht
sang, lachte und las
da war es vollbracht

Er spürte in sich
vollkommen und ganz
das liebliche Licht
den liebenden Glanz

Das Herzstück des Traums
es liegt gar nicht weit
das Herzstück des Traums:
Familie und Zeit

2

Brems dich selbst! Dann bremst das Weihnachtsglück für dich!

Die Wahrheit am Heiligen Abend

Der Auslöser war eigentlich völlig lächerlich. Ich habe meiner Schwester Finni heute Nacht während des Schlafens schwarze Schuhcreme auf ihre Handinnenflächen geschmiert. Soweit also alles ganz normal.

Natürlich hat Finni sich über Nacht das ein oder andere Mal im Gesicht gekratzt und beim Aufstehen ihre Haare aus dem Gesicht gestrichen. Natürlich hat sie in der Nase gebohrt und anscheinend auch in ihren Zähnen gepuhlt. Natürlich fand Finni es beim Hinausgehen aus ihrem Zimmer komisch, dass ihre rosa Pferdebettdecke und ihr Kissen überall schwarze Flecken hatten. Und natürlich hat Finni völlig unverhältnismäßig laut geschrien, als sie sich kurze Zeit später im Badspiegel betrachtet hat. Schwarze Flecken im Gesicht, auf den Zähnen und in der Nase schienen ihr nicht zu gefallen. Mir schon, es unterstrich ihren Teint. Über Geschmack lässt sich ja bekanntlich streiten.

Wie gesagt, soweit war also alles ganz normal. Wie zu erwarten war.

Auch zu erwarten war, dass Mama wieder nichts anderes einfiel, als mir die Sache in die Schuhe zu schieben: »Hannes, gib es zu, das warst du!«

Aber natürlich war auch klar, wie ich auf diese unverschämte Unterstellung reagieren musste: »NEIN, Mama, das war ich nicht! Ganz ehrlich! So was würde ich NIE tun!«

Bis hierhin ist somit alles perfekt und wie geplant verlaufen. Doch dann ist alles anders gekommen.

Anstatt mich kräftig zu schimpfen und danach irgendwann die Sache wieder auf sich beruhen zu lassen, sagte Mama: »Hannes, heute ist Heiliger Abend. Ich habe keine Lust auf einen solchen Unsinn von dir. Ich werde jetzt gar nicht schimpfen, sondern ich will von dir ein einfaches Versprechen: Versprich mir, dass du zumindest heute einmal einen ganzen Tag lang nur die Wahrheit sagst! Versprich mir das auf Weihnachten!«

Was war denn das für ein neumoderner, antiautoritärer Ansatz. Hatte meine Mama einen Workshop bei veganessenden, ringelsockenstrickenden, rastahaareflechtenden Sozialarbeiterinnen mit lebenslanger Erfahrung an Waldorfschulen belegt, von dem ich nichts wusste?

Sie brachte mich in eine üble Lage. Ja, natürlich kam es ab und zu vielleicht ganz selten mal vor, dass ich eine klitzekleineminimale Notlüge verwende. Aber was ich definitiv nie getan habe und auch nie tun würde, ist ein Versprechen zu brechen. Und ich hatte auch nicht vor, damit am Heiligen Abend anzufangen.

Meine Mama wusste das selbstverständlich und konnte mich richtig einschätzen. Schließlich kennt sie mich schon länger als ich mich selbst kenne.

Ich befand mich in einer Zwickmühle. Wenn ich es nicht verspreche, würde mich Mama nicht gehen lassen. Wenn ich es verspreche, würde ich einen üblen Tag erleben. Es war ausweglos.

»Hannes, ich kann dich nicht hören.«

Meine Mama wurde ungeduldig. Mein Hirn ratterte auf Hochtouren. Doch es gab keinen anderen Ausweg: »Na gut, Mama, ich verspreche es dir. Aber nur für heute, weil Heiliger Abend ist.«

Meine Mama lächelte mich zufrieden an.

Meine Schwester grinste bösartig mit ihren schwarzgefleckten Zähnen und ihren schwarzverschmierten Nasenlöchern zu mir herüber und fragte: »Gib's zu, Hannes, du warst das, oder?«

Ich blickte mit meinem finstersten Blick in ihre hinterhältigen Augen, schluckte, atmete tief ein und wieder aus. Es war ja sowas von klar, dass sie diese Situation wieder schamlos ausnutzte. Schließlich drückte ich ein »Ja« heraus.

Mama nickte zufrieden lächelnd in meine Richtung. »Sehr schön, Hannes, dein Versprechen scheint tatsächlich zu funktionieren.«

Damit war die Sache mit der Schuhcreme für Mama erledigt. Auch wenn meine Schwester natürlich versuchte, sie noch davon zu überzeugen, mich zu bestrafen. Meine Mama allerdings meinte, dass einen Tag nicht zu lügen für mich schon Strafe genug sei.

Womit sie mehr als recht hatte, fand ich.

Nach dem Frühstück fragte mich mein Papa: »Hast du Lust, mit mir den Christbaum reinzuholen und dann mit Finni und Mama zusammen zu schmücken?«

Aus der Tradition heraus wollte ich bereits unbedacht zusagen. Zum Glück fiel mir aber noch rechtzeitig mein Versprechen ein und deswegen antwortete ich wahrheitsgemäß: »Nein, Papa, ich hab keine Lust. Ich will lieber Computer zocken.«

»Das kann doch nicht dein Ernst sein, Hannes!«

»Doch, das ist die Wahrheit, Papa«, nickte ich, drehte mich um und wollte in mein Zimmer gehen, um mich ungestört meiner Spielekonsole zu widmen.

»Du kommst sofort her und hilfst mir«, befahl in diesem Augenblick mein Vater. Somit musste ich gegen meinen Willen und gegen meine innere Überzeugung doch anpacken.

Als wir gerade mit dem Dekorieren fertig waren, klingelte es an der Tür. Zu viert gingen wir hin und Mama öffnete. Draußen standen Frau und Herr Wachter, unsere netten Rentner-Nachbarn, beide mit einer durchaus beachtlichen Bauchrundung ausgestattet.

»Hallo ihr Lieben«, begann Frau Wachter, »wir wollten euch noch eine kleine Weihnachtsfreude vorbeibringen«.

Sie reichte uns eine Dose Plätzchen und einen in orange-blau Tönen gehäkelten, großmaschigen Schal.

»Oh, schaut mal, Kinder, ist dieser Schal nicht wunderschön?«, lächelte Mama uns an.

»Oh ja«, sagte Finni zurücklächelnd.

»Ich finde ihn übelst hässlich«, sagte ich stirnrunzelnd. »Aber als Putzlumpen, da kannst du ihn bestimmt gut hernehmen. Das hast du ja mit den anderen Häkelsachen von Frau Wachter auch gemacht.«

Meine Mama funkelte mich böse an. »Was redest du denn da für einen Schmarrn, Hannes. Der Schal ist herrlich und mit den Putzlumpen täuschst du dich natürlich, sowas würde ich nie tun.«

»Probiert doch mal meine leckeren Plätzchen«, meinte Frau Wachter, die sich auch nicht so richtig wohl in ihrer Haut fühlte. Wir mussten alle vier zugreifen.

»Wow, sind die fein«, sagte meine Mama, »Sie müssen mir unbedingt das Rezept geben. Oder, was meint ihr?«

Meine Mama blickte uns drei auffordernd an.

»Die sind ja sensationell«, lobte mein Papa.

»Sowas von lecker«, schmatzte meine Schwester.

»Boah, ich krieg die Teile kaum runter«, würgte ich, »ich glaube, das sind die schlechtesten, härtesten Plätzchen, die ich jemals gegessen habe«.

Entsetzt haftete der Blick meiner Mama auf mir. Genau in diesem Augenblick sprang der Kater von den Wachters, Pablo, zwischen den Beinen unserer Nachbarn durch herein in unser Haus.

»Oh, das tut mir aber leid«, entschuldigte sich Frau Wachter und versuchte Pablo wieder herauszulocken. Der Kater sträubte sich aber und versteckte sich hinter der Schuhkommode.

»Das ist doch kein Problem, so ein süßer Kater darf immer zu uns ins Haus«, meinte da mein Papa und versuchte gleichzeitig, dieses Fellknäuel irgendwie zu fassen zu bekommen.

»Schön, tierliebe Nachbarn zu haben«, freute sich Herr Wachter und schaute zu Finni und mir. »Na, habt ihr beide unseren Kater Pablo auch so gern wie euer Papa?«

»Oh ja, ich liebe Katzen«, sagte Finni.

»Nein, ich mag keine Katzen«, sagte ich, »und Papa hasst Ihren Kater auch voll. Der wirft immer fluchend Holzscheite nach ihm, wenn keiner hinschaut.«

Erschrocken starrten Herr und Frau Wachter zu meinem Papa. Gleichzeitig blickten Papa und Mama mich entsetzt an. Ich schaute zu unseren Nachbarn und war zufrieden, dass ich mein Versprechen bisher so gut eingehalten hatte.

»Da schwindelt der Hannes natürlich, der will Sie nur reinlegen«, meinte mein Vater und lächelte verlegen.

Unsere Nachbarn lächelten peinlich berührt zurück.

»Ja, der Hannes ist halt ein kleiner Witzbold«, nickte Frau Wachter.

»Oh ja, das ist er«, nickte meine Mama unsicher und drückte ihre Hand auf meine Schulter. Durchaus deutlich zu fest, wie ich fand.

»Nun, wir werden uns dann mal wieder verabschieden«, lächelte Frau Wachter, »wir belohnen uns heute Abend mit einem Weihnachtsfestmahl, weil wir in den letzten Wochen jeder sieben Kilo abgenommen haben.«

»Das ist ja wunderbar«, meinte da meine Mama, »ich habe mir gleich gedacht, dass Sie viel frischer und gesünder aussehen. Großes Kompliment! Und Ihre neue Frisur, Frau Wachter, die ist einfach klasse. Nicht wahr?«

Wieder blickte meine Mama uns drei auffordernd an.

»Sie sehen richtig gut aus, richtig vital. Die Frisur unterstreicht das«, bestätigte mein Vater.

»Sie schauen total sportlich aus, Frau Wachter!«, bestätigte auch Finni.

»Also mir wäre nicht aufgefallen, dass da sieben Kilo weg sind«, sagte ich, »aber wahrscheinlich fällt das bei der Masse halt nicht so ins Gewicht wie bei anderen. Und Ihre Haare, naja, also, Ihre lila Haare, puh, die sind einfach nur richtig schei …«

»Schick! Richtig SCHICK, möchte Hannes sagen!«, fiel mir meine Mama einfach ins Wort. Unglaublich, dass einen die Erwachsenen nie ausreden lassen. Aber da verabschiedeten sich die Wachters dann doch tatsächlich freundlich lächelnd. Meine Eltern und Finni lächelten höflich zurück, sahen dabei aber so aus, als würden sie am liebsten im Boden versinken. Ich lächelte nicht, denn schließlich wäre das in dieser Situation gelogen gewesen. Ich grinste stattdessen zufrieden über den Erfolg meiner Ehrlichkeit. Ehrlichsein war doch gar nicht so schlimm, wie ich das erwartet hatte.

Kaum war die Tür zu, schrien mich meine Eltern an: »Was fällt dir ein, Hannes, so unverschämt zu sein?!?«

»Mama, ich habe dir versprochen, ehrlich zu sein. Und versprochen ist versprochen und wird auch nicht gebrochen!«

Kurz vorm Explodieren schienen meine Eltern tatsächlich innezuhalten und zu überlegen. Meine Worte hatten gesessen. Endlich war ich wieder voll im Spiel!

Es erklärt sich von selbst, dass ich von meinem Wahrheitsversprechen noch vor dem Mittagessen höchst offiziell von meiner Mama erlöst wurde. Wobei, eigentlich hat sie sich damit ja nur selbst erlöst, denn nachmittags sind noch weitere Besucher zu uns gekommen, die uns in neuen Kleidungsstücken und mit neuen Topffrisuren Geschenke und Plätzchen und vieles mehr vorbeibrachten.

Ich fand übrigens alle Geschenke, Plätzchen, Frisuren, Klamotten, Witze und so weiter einfach nur sensationell und schön, ist doch klar – etwas anderes würde mir ehrlicherweise (oder eigentlich UNehrlicherweise) nie über die Lippen kommen. So ehrlich muss ich dann doch sein.

3

Genießen. Besinnen. Innehalten!

Bastelanleitung für die Weihnachtszeit

Heute: So bastelt man sich das perfekte Weihnachten!

Einkaufsliste:
- Mehr Kugeln
- Mehr Geschenke
- Mehr Lichterketten
- Mehr Liederdownloads und CDs
- Mehr Weihnachtsfilme
- Mehr Spezialitäten
- Mehr teure Weine
- Mehr Dekoration
- Egal, was noch, Hauptsache mehr, mehr, mehr!

Kostenlos bereits zu Hause:
- Familie
- Eine Kerze
- Lieder
- Geschichten

Verstaubt irgendwo in verborgenen Winkeln:
- Ruhe
- Langsamkeit
- Herzlichkeit
- Fröhlichkeit
- Zufriedenheit
- Glück
- Liebe

Und so EINFACH geht's:

1. Kaufe NICHTS, sondern streiche die komplette Einkaufsliste mit einem dicken roten Stift durch!
2. Hole alles, was du bereits zu Hause hast, heraus!
3. Setze dich mit deiner FAMILIE im Wohnzimmer vor EINE KERZE! Lösche alle anderen Lichter im Raum! Genieße das Licht!
4. Singe mit deiner Familie zusammen weihnachtliche LIEDER! Genieße den Klang!
5. Lest euch gegenseitig GESCHICHTEN vor! Genieße die Worte!
6. Genieße den Augenblick! Die verstaubten, verborgenen Gegenstände werden DICH nun finden!
7. Genieße DEIN perfektes Weihnachten!

NICHTS zu Weihnachten

Geschenke unterm Weihnachtsbaum
Wird es heuer keine geben
Wir leben unsren Weihnachtstraum
Wollen ohne Kaufstress leben

Zur Weihnacht gibt es nix!
Das ist fix!

So haben wir es fix besprochen
Mit Freunden und Verwandten
Versprochen, wird auch nicht gebrochen
Weil wir den Vorteil kannten

Doch nähert sich der Weihnachtsabend
Fängt die Hand zu schwitzen an
So mancher denkt, das Unheil ahnend:
Ob man NICHTS verschenken kann?

NICHTS unterm Baum ist doch sehr leer
NICHTS macht eigentlich NICHTS her

Drum schleicht der Mann auf leisen Sohlen
Zum Juwelier am Eck
Auch SIE hat sich drum fortgestohlen
Zum Schuhfachhändler Gegg

Drum ziehen auch Verwandte los
Zum Kleinigkeiten kaufen
Drum wächst der Stapel, riesengroß
Zu dem Geschenkehaufen

(Pantoffeln, Buch und Schnapspralinen
Krawatte, Socken, Ringe
Kuschelbär und Bohrmaschinen
Und manch andre Dinge)

Es wird geschenkt und ausgepackt
Es wird gelacht und sich gefreut
Hätte man heute NICHTS verpackt
Hätte man's heute sehr bereut

Plötzlich fällt der strenge Blick
Auf einen, der sich stillhält
Der sich ohne viel Geschick
An den geschenkten Grill stellt

Dort steht der Onkel Theodor
Und hat gar NICHTS geschenkt
Sein schmales Lächeln tritt hervor
Ein jeder ist gekränkt

Denn: NICHTS ist gar nicht viel
Auch wenn man eigentlich NICHTS will!

Nach Urteil unsres Hausgerichts
Da kam man überein
»Theodor, das war heut NICHTS!
Wie kann man nur so sein!«

Der Theodor war tief getroffen
Und innerlich gekränkt
Auf nächste Weihnacht darf er hoffen
Denn da wird sicher NICHTS geschenkt

Drum achtet drauf, dass ihr es wisst:
wie wenig NICHTS denn wirklich ist!

4

In der Zeit, in der du dich über verpasste Chancen ärgerst, kannst du schon unzählige neue ergreifen.

Mia san Weihnachten

(Diese Weihnachtsgeschichte wurde auf der offiziellen FC Bayern-Weihnachts-CD von Mats Hummels gelesen.)

»Kommt endlich rein!«, rief Frau Fischer ihren beiden Söhnen zu. Normalerweise sind Kinder traurig, wenn es am Heiligen Abend keinen Schnee gibt, nur ihre beiden Söhne Max und Anton nicht. Die freuten sich unglaublich, dass sie bei diesem Wetter noch auf die grün-braune Wiese hinter ihrem Haus gehen konnten. Denn sie taten nichts lieber, als mit ihrem FC Bayern-Ball Fußball zu spielen. Dieser war auf Grund des mittlerweile dreijährigen Dauergebrauchs allerdings schon arg ramponiert. Doch nun war es kurz nach Mittag und Frau Fischer wollte offensichtlich in den besinnlicheren Weihnachtsnachmittag übergehen.

Die beiden Jungs gingen mit hochrotem Kopf und verschwitzen Haaren zum Haus. Plötzlich sagte der achtjährige Max zu seinem zwei Jahre älteren Bruder: »Du, Anton, was schenken wir Mama und Papa eigentlich heuer zu Weihnachten?«

Wie vom Blitz getroffen blieb Anton stehen. Er starrte seinen kleinen Bruder entsetzt an: »Oh Mann, was für ein Mist! Wir haben kein Geschenk! Wieso sagst du das denn nicht früher?«

»Ich habe gedacht, du kümmerst dich drum!«, antwortete der kleine Bruder.

Was sollten die beiden nur tun? Jetzt hatten sie doch tatsächlich vergessen, ihren Eltern ein Geschenk zu besorgen. Aber nun war es auch schon zu spät, zu einem Geschäft konnten sie nicht mehr. Unter einem scheinheiligen Vorwand zogen sie sich in ihr Zimmer zurück, legten den lädierten FC Bayern-Ball in die Ecke und dachten angestrengt nach. Sie überlegten und überlegten! Anton vergrub sein Gesicht in einem Kissen, um besser denken zu können. Max dagegen ging nervös im Zimmer auf und ab. Die Uhr tickte.

»Ich hab's!«, stieß Max auf einmal hervor. Er stürmte zur Zimmertür hinaus, um dann kurz danach mit einer Rolle Geschenkpapier wiederzukommen. Anton blickte seinen Bruder fragend an. »Vertrau mir!«, grinste der.

Zwei Stunden später erklang Weihnachtsmusik im Wohnzimmer der Fischers. Die Kerzen am mit roten und weißen Kugeln geschmückten Weihnachtsbaum brannten. Die vier Fischers saßen auf ihrem Sofa und sangen fröhlich Weihnachtslieder.

»So, dann schauen wir mal, was für tolle Geschenke uns das Christkind heuer gebracht hat«, schlug die Mutter vor.

»Bitte packt zuerst unser Geschenk für euch aus«, rief Max und deutete auf eine durchaus individuell eingewickelte mittelgroße Schachtel. Frau Fischer ergriff sie, setzte sich neben ihren Mann und löste behutsam das Papier. Was würden sich ihre Jungs für sie ausgedacht haben? Zusammen mit ihrem Mann öffnete sie die Schachtel und konnte nicht glauben, was sie da sah. Sie fasste hinein und nahm den Gegenstand heraus. Auf der Stirn der Eltern stand ein großes Fragezeichen geschrieben. Denn Frau Fischer hielt in ihrer Hand einen auf Grund des dreijährigen Dauergebrauchs doch schon arg ramponierten FC Bayern-Ball. Fragend blickten die Eltern ihre Söhne an.

»Wisst ihr«, sagte Max, »wir wollten euch etwas ganz Besonderes schenken!«

»Etwas, das euch zeigt, wie lieb wir euch haben!«, ergänzte Anton.

»Etwas, das euch zeigt, wie wichtig ihr uns seid!«, fügte Max hinzu.

»Und deswegen schenkt ihr uns euren alten, ramponierten Ball?«, fragte ihr Vater mit gerunzelter Stirn.

»Genau«, rief Anton, »schließlich ist das unser allerallerliebstes und allerallerallerwichtigstes Spielzeug! Und wie könnten wir euch besser zeigen, wie gern wir euch haben, als wenn wir euch unser größtes Heiligtum schenken?«

Die Eltern schauten immer noch abwechselnd zwischen dem alten Ball und ihren Kindern hin und her. Plötzlich begannen sie aus vollem Herzen zu lachen. Sie nahmen ihre beiden Söhne in die Arme und drückten sie ganz fest.

»Oh ihr zwei Schlawiner«, lachte Herr Fischer, dem natürlich wie seiner Frau sofort klar war, dass das eher ein improvisiertes Geschenk war.

»Da habt ihr wohl aus der Not eine Tugend gemacht. Aber ich muss schon sagen, die Begründung für euer Geschenk ist das Liebste, was ich jemals gehört habe!«, meinte Frau Fischer und musste sogar ein bis zwei Tränchen verdrücken. Anton schaute glücklich zu seinem kleinen Bruder und nickte ihm anerkennend für diese tolle Idee zu.

»Naja, Jungs, dann dürft ihr auch mal eure Geschenke auspacken«, grinste der Vater schelmisch. »Das ist für euch beide gemeinsam.«

Max und Anton griffen nach dem Weihnachtspäckchen, dessen Größe ihnen irgendwie bekannt vorkam, und rissen die Verpackung ungeduldig auf. Mit strahlenden Augen nahmen sie den Inhalt des Päckchens heraus. In ihren Händen hielten sie einen nagelneuen FC Bayern-Fußball mit sämtlichen Unterschriften der Spieler.

»Das ist ja der Hammer! Vielen, vielen Dank«, riefen sie wie aus einem Munde und fielen nun ihrerseits ihren Eltern um den Hals.

»Wir haben uns gedacht, nachdem ihr mit dem bisherigen Ball drei Jahre fast Tag und Nacht gespielt habt, wird es mal Zeit für einen neuen«, lächelte die Mama.

»Und mit dieser Idee haben wir wohl voll ins Schwarze getroffen, sonst würdet ihr ja ab morgen gar nicht mehr Fußball spielen können«, ergänzte der Papa augenzwinkernd.

Vollendet wurde das Glück von Max und Anton noch, als sie die zwei kleineren Geschenke ausgepackt hatten, denn der jüngere Bruder bekam ein Trikot von Joshua Kimmich und der ältere eines von Thomas Müller, die sie natürlich sofort anzogen. Und mit leuchtenden Augen sagte Max: »Da sieht man mal wieder: Mia Fischers, mia san nicht nur mia, mia san auch Weihnachten!«

5

Dein Herz verrät dein Alter, nicht dein Pass.

Lasst Seppi froh und munter sein

(Auszug aus »Seppis Tagebuch – Lauter Deppen!«, S. 24 ff.)

Am 6. Dezember sind der Nikolaus und der Krampus bei uns im Dorf immer unterwegs, um die Kinder zu besuchen. Leider haben der echte Nikolaus und Krampus traditionell keine Zeit für unseren Ort, weswegen sie als Vertretung meinen Nachbarn, den Hausnerbauern-Lenz, und den Sportvorstand Ignaz Süßmayr verkleidet zu uns schicken.

Und deswegen hab ich meinen besten Freund Hansi zum Nikolaus-Tratzen eingeladen. Das ist eigentlich nichts anderes als Nikolaus-Ärgern, aber „tratzen" klingt halt cooler und bairischer. Wir haben uns dann hinter einer kleinen Hecke versteckt und haben auf die beiden gewartet. Hansi war am Anfang noch ein kleines bisschen skeptisch!

Da hat der Hansi natürlich etwas übertrieben gehabt, denn so kalt war es gar nicht. Es hatte ja auch nicht mal Schnee. Dafür hat's geregnet wie die Sau, und wir haben im Schlamm stehen müssen. Davor hatten wir aber noch alle wichtigen Vorkehrungen getroffen. Kaum haben wir eine knappe Stunde gewartet – was der Hansi zu lang, ich aber in Ordnung fand – haben wir aus einiger Entfernung schon Nikolaus und Krampus kommen sehen. Aber die uns natürlich nicht.

Das Prinzip Nikolaus-Tratzen funktioniert deshalb so gut, weil sowohl der Nikolaus als auch der Krampus in ihren fetten Gewändern ziemlich unbeweglich sind. Das heißt, selbst wenn man entdeckt wird, kann man vor den beiden problemlos davonlaufen. Aber auch das Entdecken ist gar nicht so einfach, weil es zusätzlich ja noch stockfinstere Nacht ist.

Kurz bevor der Nikolaus und der Krampus an uns vorbeigegangen sind, haben ich und Hansi unser zuvor an der anderen Straßenseite befestigtes Seil zum Einsatz gebracht.

Genau in dem Bereich vor dem Seil haben ich und Hansi vorher noch etwas mehr Wasser und vor allem Schlamm verteilt. Das ist auch nicht umsonst gewesen, denn der Nikolaus und der Krampus haben diese Drecklachen perfekt getroffen.

Schnelligkeit ist zum Schluss so ziemlich das Wichtigste beim Nikolaus-Tratzen. Denn durch unser Lachen und Fotografieren haben uns der Nikolaus und der Krampus dann doch entdeckt. Sie waren komischerweise gar nicht so begeistert. Darum sind ich und der Hansi lieber mal, so schnell wir konnten, davongestürmt.

Daheim haben wir das Bild der gestürzten Möchtegernheiligen gleich mal ins Internet hochgeladen. Und natürlich mit der Seite vom Hausnerbauern-Lenz seinem Bauernhof verlinkt! Das Nikolaus-Tratzen war echt mal wieder so eine richtig geniale Aktion. Der Hansi und ich waren definitiv danach froh und munter – mehr kann sich kein Nikolaus der Welt für uns wünschen.

6

Ein Regenbogen ist das Lachen des Himmels.

Die Argumentationskette am Nikolaustag

Am 6. Dezember kommt der Nikolaus in viele Häuser und zu vielen Familien und liest dort den kleinen und manchmal auch etwas größeren Kindern vor, was im vergangenen Jahr Gutes und nicht ganz so Gutes gemacht wurde.

Die Argumentationsgrundlage der Eltern gegenüber ihren Kindern ist bei einem derartigen Besuch klar: Hier kommt der echte Nikolaus der mit seinem echten Rentier- oder vielleicht sogar Hirschschlitten vom Himmel heruntergeflogen und irgendwo im Wald gelandet ist. Tatkräftig unterstützt beim Geschenke- und Sacktragen wird der Nikolaus meistens vom Knecht Ruprecht, dem Krampus, der aber heutzutage nicht mehr annähernd so böse ist wie er früher zur Kinderzeit vom Papa und Opa war. Schließlich wird der Krampus ja auch älter und damit altersmilde. Im Gepäck hat der Nikolaus neben den Bischofsutensilien, die er noch aus seiner Zeit als Bischof von Myra in seinem himmlischen Schrank rumstehen hat, auch ein großes goldenes Buch. In dieses goldene Buch schreiben übers Jahr die Engel hinein, wenn die Kinder brav, aber auch wenn sie unartig oder böse waren.

So viel zur grauen Theorie. In der Praxis aber hat es heuer bei den Kröners etwas anders ausgeschaut. Der Kröner-Benni, ein mittlerweile fast sechsjähriges Vorschulkind, das schon etwas lesen kann, besitzt neben seinen Kindergartenpflichten auch detektivischen Spürsinn und klaren Sachverstand. Und beides konnte er an diesem 6. Dezember, einem regnerischen und nebligen Freitag, sehr gut gebrauchen, als er am frühen Nachmittag das heimische Büro des Vaters betrat.

»Papa, warum liegt da ein Zettel bei dir im Drucker, auf dem mein Name und gute und schlechte Sachen von mir draufstehen?«, fragte Benni misstrauisch.

»Ach, weißt du, Benni«, antwortete Papa und schluckte nervös, »der Nikolaus hat gestern bei mir vom Himmel heruntergerufen und gesagt, dass der Drucker der Engel kaputt ist. Deswegen hat er mir per E-Mail ihre Mitschriften zu dir zukommen lassen.«

»Aha«, nickte Benni und schien sich mit der Antwort zufriedenzugeben.

Als es langsam dunkler wurde, wollte Benni draußen schauen, ob denn irgendwo ein Rentierschlitten mit voller Besatzung oder zumindest ein Mann mit weißem Bart und rotem Prunkmantel zu sehen waren. Doch er entdeckte niemanden. Als er jedoch etwas weiter hinaus und sogar ums Eck blickte, sah er eine Tüte mit verschiedenen Säckchen, die beschriftet waren mit den Namen seiner Familienmitglieder.

»Mama, warum steht denn da ums Eck an der Hauswand eine Tüte mit lauter Säckchen, auf denen unsere Namen draufstehen?«

»Ach, weißt du, Benni«, antwortete Mama und schluckte nervös, »der Krampus hat gestern bei mir vom Himmel heruntergerufen und gesagt, dass er sich im Kreuz einen bösen Hexenschuss eingefangen hat. Der Heilige Petrus, übrigens ein hervorragender Arzt, hat ihm deshalb verboten, schwer zu tragen. Deswegen hat er per Paketdienst die Säckchen schon vorher zu den Eltern gesendet.«

»Aha«, nickte Benni und schien sich mit der Antwort wieder zufriedenzugeben.

Doch langsam wurde er immer ungeduldiger und nervöser. Obwohl die ganze Familie gemütlich um den Wohnzimmertisch herum versammelt war und Nikolauslieder sang, konnte er nicht ruhig dabei sitzen bleiben, sondern musste stattdessen ständig aus dem Fenster schauen. Plötzlich sah er zwei Lichter um die Kurve kommen. Die Lichter gehörten zu einem weißen Auto, das in sicherer Entfernung zu ihrem Haus hielt. An sich nichts Ungewöhnliches, wenn, ja, wenn aus dem weißen Auto nicht kurz darauf ein Mann mit weißem Bart und rotem Prunkmantel ausgestiegen wäre, dem danach von einem dunkel und wild aussehenden anderen Mann ein Bischofsstab, eine Bischofsmütze und ein Bischofsbuch gereicht wurden.

»Opa, warum steigen Nikolaus und Krampus da vorne aus einem weißen Auto aus und kommen nicht mit dem Rentierschlitten?«

»Ach, weißt du, Benni«, antwortete Opa und schluckte nervös, »unser Bürgermeister hat es verboten, dass Rentierschlitten auf normalen Autostraßen fahren dürfen. Die würden doch den Teer kaputt machen und alles vollkack …, äh, ich mein, verschmutzen. Deswegen hat der Nikolaus seinen Schlitten im Wald stehen lassen und sich ein Auto geliehen, vom Papst glaube ich. Außerdem brauchen die Rentiere eine Fresspause im Wald, damit sie nachher für den Heimflug wieder stark und kräftig sind.«

»Aha«, nickte Benni und schien sich erneut mit der Antwort zufriedenzugeben.

Es dauerte nicht lange, da rumorte und rumpelte es vor der Tür. Bennis Herz klopfte ihm bis zum Hals. Vorfreude, Nervosität und auch ein bisschen Angst mischten sich in seinem Bauch zu einem undefinierbaren Gefühlsbrei zusammen. Nikolaus und Krampus wurden eingelassen. Benni durfte danach den Stab halten, während der Nikolaus von seinen Reisen erzählte und schließlich die von den Engeln verfasste und von Papa ausgedruckte E-Mail verlas. Alle sangen gemeinsam ein wunderbares Nikolauslied, Benni sagte ein Gedicht und schließlich bekamen dann alle glücklich ihre Säckchen, die der Krampus zur Kreuzschonung heute nur von der Hausecke bis ins Wohnzimmer tragen musste. Natürlich machten sich Nikolaus und Krampus dann sofort wieder auf den Weg, immerhin mussten sie an diesem Abend noch alle Kinder auf der großen weiten Welt besuchen, und das dauert nun mal, auch wenn man ein weißes Auto mit geschätzten 150 Rentierstärken fährt. Kaum waren die beiden Heiligen – ist denn der Krampus eigentlich auch heilig? – aus dem Haus, musste Detektiv Benni dann im Familienkreis nachhaken.

»Oma, warum hat der Nikolaus eigentlich eine blaue Jeans an? Warum schauen unter seinem weißen Bart und seiner Bischofsmütze braune Haare heraus? UND: Warum hat der Nikolaus so eine Stimme wie die vom Papa von der Leni?«

»Ach, weißt du, Benni«, antwortete Oma und schluckte nervös, »das sind ganz schön viele Fragen für so einen kleinen Mann wie dich. Also zunächst mal hat auch der Nikolaus selbstverständlich blaue Jeans an. Der Himmel will doch auch modebewusst sein und darum gibt's da so moderne Kleidung wie coole Jeans. Mit den Haaren, das ist so, dass der Nikolaus ein bisschen eitel ist und darum färbt er sich seine weißen Haare in braunblonde, damit er jugendlicher wirkt. Das zeigt er dann aber eigentlich erst wieder nach Weihnachten. Und die Stimme, ja, das ist doch logisch, der Papa von der Leni, der hat so eine ganz typische Männerstimme, und deswegen hört sich der Nikolaus auch genauso an. Ganz viele Männer hören sich ähnlich an. Das weißt du doch.«

»Aha«, nickte Benni und ... war wirklich mit der Antwort zufrieden.

Benni war außerdem zufrieden mit seinem detektivischen Spürsinn und er war zufrieden, dass er alle fragwürdigen Ereignisse heute logisch und nachvollziehbar aufklären konnte. Er war zufrieden, dass er kritisch hinterfragt und nicht einfach alles ungefragt so hingenommen hat. Schließlich war er ja schon fast sechs und wollte sich nicht immer einen Bären aufbinden lassen. Mit all seinen Nachforschungen an diesem 6. Dezember hat Benni sämtliche Gerüchte widerlegt, die im Kindergarten die Existenz eines echten Nikolaus infrage stellten.

Somit stand der Weiterexistenz des Nikolaus und des Krampus aus seiner Sicht nichts mehr im Weg und er konnte beruhigt auch in Zukunft an sie glauben. Benni war zufrieden. Und seine ganze Familie erleichtert.

Nikolauswärme

Dicke schwarze Schuhe
Mantel rot und gold
Bringst die Weihnachtsruhe
So wie ich's gewollt

In der Hand das dicke
Gold gesäumte Buch
Spür die Augenblicke
Freude im Besuch

Deine Engel schrieben
Manche Tat dir auf
Worte sind geblieben
Von meinem Jahreslauf

Goldner Stab aus Wärme
Fest von mir umfasst
Dich hab ich so gerne
Stunde ohne Hast

Lieber edler Nikolaus
Du hast so viel gegeben
Du erwärmst mein Weihnachtshaus
Mit Lachen, Lieben, Leben

7

Fantasie ist ein Geschenk,
das man nicht kaufen,
sondern nur auspacken kann.

Das Weihnachtsmärchen von der Bedeutung

Der kleine Räuchermann stand traurig auf dem Wohnzimmertisch. Nein, husten musste er nicht mehr, das hatte er sich während der letzten Jahre abgewöhnt. Aber als er noch ein junger Räuchermann gewesen war, da hatte er doch den einen oder anderen Hustenanfall bekommen, je nachdem welche Räucherkerze ihm die Menschen zugeführt hatten. Nie hatte er mit Weihnachts- oder Weihrauchduft Probleme gehabt, auch Tannen- oder Mandelduft waren immer in Ordnung, aber Lavendel oder Melisse oder Ananas oder Lemon oder Patchouli, da hörte schön langsam der Spaß für ihn auf – unabhängig davon, dass das Räuchermännchen keine Ahnung hatte, was Patchouli denn bitte sein sollte.

Nein, husten musste er also nicht mehr. Auch brannte ihn der Rauch nicht mehr in seinen Augen. Und keiner hatte den Räuchermann verletzt.

Deshalb war es umso seltsamer, dass an diesem Weihnachtsmorgen die Augen des kleinen Räuchermanns mit winzigen Tränchen gefüllt waren. Wenn man ganz genau hinsah, konnte man sogar eine winzigwinzigwinzigkleine Träne über seine mittlerweile etwas ausgebleichte rote Wange laufen sehen. Und wenn man genau hinhörte, konnte man ein ganzganzganz leises Schniefen vernehmen.

»Was hast du denn, kleiner Räuchermann?«, fragte der mundgeblasene Weihnachtsengel, der traditionell an besonderer Stelle auf dem Kachelofen thronte und in der Hand ein Teelichtglas hielt.

»Nichts, alles gut«, meinte das Räuchermännchen, »vielleicht habe ich von gestern noch etwas Rauch in den Augen oder ich habe mich ein bisschen erkältet«.

»Hahaha«, lachte der Nussknacker, »du bist echt lustig, Räuchermann! ›Rauch in den Augen‹, dass ich nicht lache! Das wäre so, als würde ich sagen, ich habe mir eine Nussschale zwischen dem dritten und vierten Backenzahn eingebissen.«

»Lasst mich einfach in Ruhe«, meinte da der Räuchermann und versuchte, sich von den beiden wegzudrehen, was nicht gelang, da der Holzschnitzer ihm damals vor 37 Jahren keine beweglichen Füße geschnitzt hatte.

»Wir sind deine Freunde, Räuchermann, da lassen wir dich doch nicht in Ruhe!«, antwortete der wunderschöne Glasengel. »Wir möchten dir helfen. Erst recht, weil heute Weihnachten ist.«

»Mir kann man nicht helfen«, meinte das Räuchermännchen, »mich braucht doch eh keiner«.

»Wieso sollte dich keiner brauchen?«, wollte der Nussknacker wissen.

»Na, schaut mal. Dich, Engel, dich bewundert jeder, der diesen Raum betritt. Du bist die strahlende Schönheit, und wenn dein Licht leuchtet, erhellt es den ganzen Raum.«

»Das stimmt«, bestätigte der Nussknacker.

»Und du, Nussknacker, du hilfst den Menschen dabei, dass die unzähligen leckeren Nüsse geöffnet werden können, und schenkst ihnen noch dazu eine Riesenfreude, da sie es so toll finden, mit einem echten Holznussknacker zu knacken.«

»Das stimmt«, bestätigte der Engel.

»Ich aber, ich bin nur die Halterung für mehr oder weniger gut riechende Räucherkerzen, die keinen Nutzen haben. Man könnte diese genauso gut auf einem Tellerchen anzünden oder, noch besser, sie einfach weglassen. Keiner würde es merken, wenn der Duft fehlt. Und erst recht würde es keiner merken, wenn ich fehle.«

»Das stimmt allerdings nicht«, verneinten Engel und Nussknacker aus einem Munde.

Da sie den Räuchermann schon seit Jahren kannten und wussten, dass er sich nur schwer von seiner Meinung abbringen ließ, versuchten sie das erst gar nicht. Sondern sie baten ihn nur um Eines:

»Räuchermann«, sagte der herrliche Glasengel, »könntest du nachher, wenn die Menschen hereinkommen, einfach mal bewusst deine Ohren und deine Augen aufhalten und darüber nachdenken, was die Menschen sagen?«

»Das mache ich doch immer«, meinte das Räuchermännchen.

»Naja, ich glaube, du siehst und hörst sie zwar«, antwortete der Nussknacker, »aber du hast noch nie bewusst darüber nachgedacht«.

Der Räuchermann versprach, das zu tun. Es dauerte nicht lange, da kam der Vater mit seinem kleinen Sohn an der Hand herein.

»Schau dir den wunderschönen Christbaum an, mein Junge!«, sagte er. »Lass uns noch die Kerze des Engels entzünden, dann leuchtet dieser Raum so wunderbar.«

Gemeinsam haben Vater und Sohn die Christbaumbeleuchtung eingeschaltet und die Kerze des Engels angezündet. Der Raum funkelte.

»So leuchtet Weihnachten, gell, Papa«, strahlte der Sohn.

Habe ich doch gleich gewusst, dass alle nur den Engel wichtig finden, dachte sich das Räuchermännchen.

»Und jetzt kommt etwas ganz Besonderes, mein Junge«, sagte der Vater, nahm eine Räucherkerze und ein Streichholz und überreichte beides seinem Sohn.

Der Bub hob den Oberkörper des Räuchermanns hoch, stellte die Räucherkerze hinein, zündete sie an und setzte den Oberkörper wieder darauf.

Sohn und Vater nahmen sich an der Hand und bewusst wahr, wie sich aus dem Mund des Räuchermanns eine weiße Wolke Weihnachtsduft wohlriechend im Zimmer ausbreitete.

»So duftet Weihnachten, gell, Papa«, strahlte der Sohn.

»Oh ja, mein Junge, und so schaut Weihnachten aus: Ein Räuchermann mit einer dicken weißen Weihnachtsduftwolke aus dem Mund!«

Der Bub blickte glücklich auf die holzgeschnitzte Figur: »Unser Räuchermännchen Klaus ist einfach der Beste!«

In diesem Augenblick kamen seine Schwester und seine Mama herein. Auch sie strahlten glücklich, genossen dieses perfekte Weihnachtszimmer, und alle vier kuschelten sich gemeinsam auf das Sofa.

»Ich bin Klaus, der Räuchermann Klaus, nicht irgendwer«, dachte der Räuchermann und sein Herz klopfte aufgeregt bis zum Hals. »Sie freuen sich wirklich, dass ich da bin.«

»Jeder von uns«, meinte der Glasengel, »schenkt dem Weihnachtsfest ein bisschen mehr Bedeutung. Jeder von uns ist wichtig.«

Wieder hörte man ein ganzganzganz leises Schniefen und wieder sah man, wenn man ganz genau hinsah, winzigwinzigwinzigkleine Tränchen. Doch diese liefen nun über strahlend rot leuchtende Wangen. Und sie liefen, weil der Räuchermann, weil Klaus erkannt hatte, warum er da war.

Geborgenheit

Wenn der Tage Licht nicht mehr ausreicht
Um Licht in das Dunkel der Tage zu bringen
Schenkt mir unser Haus meinen Ausgleich
Mit goldener Wärme, mit lachendem Singen.

Wenn der Tage Stress mich in Ketten setzt
Der Schlüssel der Freiheit verloren scheint
Find ich den, der das Eisen zerfetzt
Und mich mit mir vereint.

Wenn der Tage Dunkel dazu führt
Dass Sterne heller leuchten als die Sonne
Sorg ich dafür, dass mich der Zauber berührt
Mit seiner wohligen, liebenden Wonne.

8

*Jeder Mensch hat im Schnitt
nur 80 Weihnachtsfeste.
Willst du wirklich noch eines
ungenutzt lassen?*

Christbaumkugeln vom Fachmann

Die Mayerhofers sind zwei gerade verrentnerte Eheleute, die eigentlich den Rummel auf Weihnachtsmärkten meiden. Aber ein Blick in die Christbaumkugelsammlung hat Beate Mayerhofer offenbart, dass in den vergangenen Jahren doch einige Kugeln aus der früher mal durchaus beachtlichen Kollektion zu Bruch gegangen sind – wenn sie sich richtig erinnerte, und das tat sie eigentlich immer, war ausnahmslos ihr Ehemann Franz daran schuld gewesen, wenn einer ihrer Kugeln etwas lebens- oder glasbedrohliches zugestoßen war. Wer hätte denn auch sonst schuld sein können?

Da die Mayerhofers nicht irgendwer sind, sondern DIE Mayerhofers, möchte Beate natürlich nicht irgendwo irgendwelche neuen Christbaumkugeln kaufen, sondern nur direkt vom Fachmann. Deswegen bot es sich an, die geballte Christbaumkugelfachverkäuferkompetenz am hiesigen Weihnachtsmarkt zu nutzen und sich in das zu dichte Weihnachtsmarktgedrängel zu stürzen. Beate ging dabei zielgerichtet auf den Christbaumkugelfachverkäuferverkaufsstand zu, Franz brauchte etwas länger und ließ sich von fleischlichen (Bratwurstsemmelduft) und sinnlichen (Glühweinduft) Verlockungen durchaus etwas aus der Fassung und vom rechten Weg abbringen.

Beate: Franz, wo bleibst du denn?!?
Christ**B**aum**K**ugel**F**ach**V**er**K**äufer (kurz: **CBKFVK**): Entschuldigung, sprechen Sie mit mir? Ich bin doch da.
Beate: Heißen Sie auch Franz?

CBKFVK: Nein, Lukas.
Beate: Also wieso sollte ich dann mit Ihnen sprechen, wenn ich nach einem Franz rufe?!?
CBKFVK: Phhh, ich wollte ja nur höflich sein.
Beate: Das nervt mich so.
CBKFVK: Sie nervt meine Höflichkeit?
Beate: Wieso sollte mich Ihre Höflichkeit nerven?
CBKFVK: Das haben Sie doch eben gesagt.
Beate: Junger Mann, seien Sie nicht so unhöflich und behaupten Sie nicht irgendwelche Lügen.
CBKFVK: Was nervt Sie denn?
Beate: Mein Mann. Und unhöfliche Verkäufer natürlich.
CBKFVK: Dann lässt Sie der unhöfliche Verkäufer jetzt mal in Ruhe schauen.
Beate: Na endlich!
CBKFVK: Hallo?!? So was habe ich noch nie erlebt!
Beate: Ich meine meinen Mann. Na endlich, Franz, wo warst du?
Franz: Ich habe mich verlaufen.
CBKFVK *(zu sich selbst):* Bei der Frau würde ich mich auch verlaufen!
Franz: Hast du dir schon was Hübsches ausgesucht, Beate?
Beate: Ich wollte auf dich warten. Vielleicht ist der Verkäufer dann etwas freundlicher.
Franz: Der Verkäufer scheint aber beschäftigt zu sein.
Beate: Ich weiß nicht, warum der hinten im Regal herumräumt, wenn hier Kunden stehen.
Franz: Entschuldigung, Herr Christbaumkugelfachverkäufer, hätten Sie kurz Zeit für uns?
CBKFVK: Aber selbstverständlich.

Beate: Dauert das immer so lange, bis man hier bedient wird?
CBKFVK: Nur bei speziellen Kunden.
Beate: Unhöflich, unverschämt, unerhört. Eigentlich sollten wir gehen, Franz.
Franz: Können wir machen. Da vorne die Bratwurstsemmel und der Glühwein haben fantastisch geduftet.
CBKFVK: Das kann ich bestätigen.
Beate: Du hast ja recht, Franz, jetzt sind wir schon mal da, also schauen wir uns auch die Kugeln an.
CBKFVK: Haben Sie bestimmte Vorstellungen?
Beate: Ja.
(gleichzeitig) **Franz:** Nein.
CBKFVK: Welche Vorstellungen haben Sie?
Beate: Ich möchte besondere Kugeln in modischen Farben und Formen und mit der Spur unaufdringlicher Eleganz, die mich auszeichnet.
Franz: Mir reichen Kugeln.
CBKFVK: Wie wäre es mit Kugeln in diesem göldlichen Braunton und mit einem komplett umlaufenden Band, das mehrere Hirsche in einem verschneiten Wald darstellt.
Franz: Nett.
Beate: Hab ich gesagt, dass ich einen Zoo möchte?!?
Franz: Stimmt, Affenzirkus haben wir genug daheim, da brauchen wir keine Hirsche dazu.
CBKFVK: Hier habe ich wunderschöne türkise Weihnachtskugeln mit Glimmer in der Form von Eiszapfen, die sich von der Spitze der Kugel herunterschlängeln.
Franz: Eine Kugel hat eine Spitze?
Beate: Phhh, Spitze, dass ich nicht lache. Sie sind ja wohl die Spitze der Christbaumkugelverkaufskompetenz.

CBKFVK: Oh, vielen Dank. Und Sie die Spitze der Christbaumkugelkäuferfreundlichkeit.
Beate: Freundlichkeit ist keine Einbahnstraße.
Franz: Und Autofahren kann die Beate eh nicht gut.
CBKFVK: Wie wäre es denn mit dieser wunderschönen mundgeblasenen Christbaumkugel in einem Hauch von hellbläulichem Matt und mit einer durchschimmernden Schneeflöckchenstruktur?
Franz: Nett.
Beate: Was soll ›nett‹ denn bitte heißen?
Franz: Nett heißt nett.
Beate: Sag mal, hast du keine eigene Meinung?
Franz: Keine, die ich vor dir und vor Zeugen sagen möchte.
Beate: Die Kugel gefällt mir. Was kostet die?
CBKFVK: 14 Euro pro Stück.
Beate: 14 Euro?!? Das ist ja Wucher.
CBKFVK: Nein, das ist mundgeblasen.
Franz: Für 14 Euro bekomme ich zwei Glühwein und zwei Bratwurstsemmeln.
Beate: Was können Sie mit dem Preis machen?
CBKFVK: Ich kann ihn auf verschiedenfarbige Preisschilder schreiben.
Franz: Der war gut.
Beate: Sehr witzig! Franz, jetzt hilf mir doch auch mal!
CBKFVK *(zu sich und vielleicht ein bisschen auch zu Franz):* Der Frau würde ich wirklich mal helfen!
Franz: Herr Christbaumkugelfachverkäufer, haben Sie auch mehr Christbaumkugeln für weniger Geld?
CBKFVK: Ich hätte diese Packung mit rot glänzenden, maschinell produzierten Glasimitatkugeln. In

dieser wunderbaren Farbe Burgund machen die Kugeln aus jedem tristen Haus ein wahres Weihnachtsparadies und das Ganze für nur 7 Euro.
Franz: 7 Euro?!? Die nehmen wir!
Beate: Aber Franz …
Franz: Stopp! Beate, Klappe zu! Kugeln drin!
Beate *(dreht sich weg):* Phhh …
CBKFVK: Gute Entscheidung!
Franz: Danke, mir gefallen sie auch.
CBKFVK: Ich habe gemeint, gute Entscheidung mit der »Klappe zu«.
Franz *(zwinkert ihm zu):* Das nutze ich jetzt gleich und investiere die gesparten 7 Euro in Bratwurstsemmel und Glühwein.
CBKFVK: Aber mit Schuss!
Franz: Oh ja, einen großen!
Beate *(dreht sich wieder her):* Den Schuss nehme ich auch.
CBKFVK: Gute Entscheidung! Und danach kommt sicher ein Schuss mehr Weihnachtsfreude auf.

So konnten die Mayerhofers die geballte Christbaumkugelfachverkäuferkompetenz voll nutzen und für geringes Geld ein grandioses Weihnachtszimmer und für sich eine Insel der Besinnlichkeit bei mehreren Glühwein mit Schuss und Bratwurstsemmel erlangen – übrigens für nur 21 Euro.

9

Wer nicht zugreift, wenn Gott wunderbare Augenblicke bereitstellt, ist selbst schuld!

Rezept zur Zufriedenheit in Zeiten der Klimaerwärmung

Liebe Weihnachtsfreunde,
wie quält uns jedes Jahr das Hoffen und Bangen auf ein weißes Weihnachten. Schon ab Ende Oktober lesen wir von irgendwelchen hellseherischen Meteorologen, die uns mit Versprechungen und Panikmache schier in den Wahnsinn treiben. Und das alles wegen …

Ja, warum eigentlich? Ganz einfach: Weil wir das Gefühl haben, dass Weihnachten nur perfekt ist mit Schnee. Hier müssen wir ansetzen. Befreien wir uns von dieser falschen Wunschvorstellung und besinnen wir uns auf das, was in Orten unter 600 Metern NN um 73 Prozent (!) wahrscheinlicher ist als Schnee: den Regen!!

Genau, den Regen! Lassen Sie uns den Regen zum neuen Schnee machen. In Zeiten der Klimaerwärmung und der schmelzenden Polkappen ist das das einzige Rezept für glückliche Weihnachtstage! Deswegen wird es Zeit, sämtliche weihnachtliche Literatur an den neuen Idealzustand anzupassen. Damit soll mit den folgenden drei Texten begonnen werden:

Trilogie »Schnee 2.0 – Oder: Regen ist der neue Schnee«

Teil 1: Der feuchte Knecht Ruprecht

nach Theodor Storm

Von drauß' vom Walde komm ich her;
Ich muss euch sagen, es weihnachtet sehr!
Allüberall auf den Tannenspitzen
Sah ich goldene Tröpfchen sitzen;
Und droben aus dem Himmelstor
Sah mit großem Schirm das Christkind hervor;
Und wie ich so strolcht' durch den nassen Tann,
da rief's mich mit triefender Nase an:
»Knecht Ruprecht«, rief es, »alter Gesell,
Gummistiefel an und spute dich schnell!
Die Wiesen fangen zu grünen an,
das Himmelstor ist aufgetan,
Alt und Jung sollen nun
Von der Jagd des Lebens einmal ruh'n;
Und morgen schwimm' ich hinab zur Erden,
denn es soll wieder Weihnachten werden!«
Ich sprach: »Oh lieber Herre Christ,
Mein Schwimmtraining fast zu Ende ist;
Ich soll nur noch in diese Stadt,
wo's nasse gute Kinder hat.«
»Hast denn die Brille auch bei dir?«
Ich sprach: »Die Taucherbrille, die ist hier:
Denn Pfützen, Matsch und Wasserschlacht
machen fromme Kinder bis es kracht.«
»Hast denn die Ponchos auch bei dir?«
Ich sprach: »Die Ponchos, die sind hier;

Doch für die Kinder nur, die rechten;
Schirme mit Löchern bekommen die schlechten.«
Christkindlein sprach: »So ist es recht;
So schwimm mit Gott, mein treuer Knecht!«

Von der Pfütze im Walde komm ich her;
Ich muss euch sagen, es regnet dort sehr!
Nun sprecht, wie ich's hierinnen find!
Sind's nasse Kind, sind's böse Kind?

Teil 2: Leise regnet's in' See

Leise regnet's in' See,
still und starr tropft's, juche!
Weihnachtlich platscht es im Wald,
freue dich, 's Christkind kommt bald.

Englein schwimmen im See,
Krampus hat 'ne Idee:
Hört nur wie lieblich es hallt,
wenn der Nikolaus ins Planschbecken fallt.

Teil 3: Markt und Straßen steh'n verlassen (Anm: Ist ja auch klar bei dem Wetter!)

nach Joseph von Eichendorff

Markt und Straßen steh'n verlassen,
still drückt's Wasser in das Haus,
Tropfnass geh ich durch die Gassen,
seh wie ein begossner Pudel aus.

Vor den Fenstern haben Frauen
Regentonnen fromm geschmückt,
tausend Kindlein steh'n und staunen,
Regenwürmer sind verzückt.

Und ich wandre aus den Mauern
Bis hinaus ins feuchte Feld,
riesen Pfützen, heil'ges Schauern!
Doch der Regenschirm, der hält!

Wolken hoch die Kreise schlingen,
aus des Tümpels Einsamkeit
steigt's wie wunderbares Singen –
oh, du gnadenfeuchte Zeit!

Drum, denke Mensch und mach dir klar:
Nasse Weihnacht ist wunderbar!

Fenster zu deinem Herzen

Manchmal wird dir alles zu viel,
manchmal fehlt auch dir ein Ziel,
manchmal fragst du dich: Warum
treibt es mich ständig um?

Termine, Arbeit, Geschenke, Feier,
stets dabei die gleiche Leier
Im Advent ist jeder Tag gefüllt,
bis oben hin oft zugemüllt.

Wie im Laufrad rasen wir,
Selten nur kommst du zu dir
Ja, dich treiben die Termine
Weihnacht wird so zur Routine
(dich überrollt die Adventslawine)

Wenn du in diesen Stress verfällst
Und dir dabei auch nicht gefällst,
zieh dem Stress den Stecker raus,
sag mal Nein und bleib zu Haus.

Mach dir eine schöne Stunde
Genieß die Weihnachtspausenrunde
Setz dich mit der Familie hin
Und glaube, nur so macht es Sinn!

Hör endlich auf zu sagen: Das muss sein.
Was sein muss, bestimmst nur du allein!
Spar dir den Satz: »Weihnachtsstress, so ist es eben.«
Mein lieber Freund, du entscheidest selbst im Leben!

Dem Weihnachtsstress musst du nicht entrinnen,
du musst dich nur auf dich besinnen,
in dich hineinhören, auch mal ruh'n,
nur danach richtet sich dein Tun.

Du bist deines Glückes Schmied,
der nur durch das eine Fenster sieht.
Durch das Fenster zu deinem Herzen,
blick hinein, dort erstrahlen Kerzen.

Kerzen voller Glück und Frieden.
Dass sie leuchten, hast nur du entschieden.

10

Es gibt keine Sorge, die mit einem Lächeln größer wird.

Herr Rammelmeyer genießt den Advent

Herr Rammelmeyer ist ein zäher Mann. Der lässt sich von nichts aus der Ruhe bringen. Da er oft unter der Woche nachmittags frei hat, wird er von seinen Freunden und Nachbarn nicht so ganz ernst genommen. Und wenn er von »Arbeit« spricht, dann löst er bei den Umstehenden ungläubiges Kopfschütteln und Lachtränen aus. Herr Rammelmeyer ist Lehrer, genauer Lehrer für Deutsch und Geschichte.

Da Herr Rammelmeyer an sich ja schon das ganze Jahr nicht besonders viel arbeitet, passt ihm die Adventszeit extrem gut in seine Planung. Denn da wird schließlich alles ruhig und gemütlich und besinnlich. Somit ist der Advent die Krönung der ganzjährigen lehrertypischen Freizeit- und Langeweilephasen.

Am 1. Dezember beginnt für ihn die staade Zeit mit staaden drei Unterrichtsstunden, in denen er seine 9. Klassen eine Deutschschulaufgabe über die Vor- und Nachteile häufiger Weihnachtsmarktbesuche schreiben lässt. Für jeden dieser Aufsätze braucht er dann etwa 45 Minuten zum Korrigieren, bei 26 Schülern ergibt das die lächerliche Zahl von 1170 Minuten oder knapp 20 Stunden. Das ist für Herrn Rammelmeyer kein Verdruss, denn es folgen ja nun zwei Tage Wochenende, an denen er eh nichts Besseres vorhat als Korrigieren. Denn wenn er nicht korrigieren würde, müsste er mit seiner Familie auf den Weihnachtsmarkt und sich dort von seinen Freunden anhören, wie wenig er als Lehrer doch die ganze Zeit zu tun habe.

Am 4. Dezember hat Herr Rammelmeyer zwar nur 17 Aufsätze korrigiert, dafür hat er nebenbei noch die fünf Unterrichtsstunden für heute vorbereitet. Da ist es doch für ihn überhaupt kein Problem, dass in der Pause der hochengagierte Vertrauenslehrer zu ihm kommt und ihn bittet, noch schnell ein Nikolausgedicht für seine 5. Klasse zu schreiben. Schließlich ist er in dieser ja Klassenleiter. Er müsse sich auch nicht sonderlich verkünsteln, es reiche, wenn die Namen aller Schüler und aller Lehrer der Klasse je einmal im Gedicht genannt werden und so ein kleiner Abriss über das Verhalten der Klasse gegeben werde.

Am 5. Dezember werden von ihm Briefe an die Eltern seiner Schüler der 5. Klasse geschrieben, in denen der jeweilige Leistungsstand der Schüler mitgeteilt wird. Da im Dezember ohnehin so viel übrige Zeit ist, ist es natürlich keine große Sache, dass als Folge dieser Briefe etwa ein Drittel der Eltern dringend einen sofortigen längeren Gesprächstermin untertags mit Herrn Rammelmeyer vereinbaren will. Lehrer und Eltern sind schließlich ein Team und müssen gemeinsam am selben Strang ziehen.

Nach dem Vorlesen des Nikolausgedichts durch den Nikolaus höchstpersönlich und den weiteren sieben Unterrichtsstunden an diesem 6. Dezember, kann Herr Rammelmeyer sich endlich mal wieder in Ruhe der Korrektur der verbliebenen neun Schulaufgaben widmen – zwischen 17 und 23 Uhr. Blöderweise wollen seine beiden kleinen Kinder in diesem Zeitraum auch ein bisschen mit ihm spielen, weshalb er trotz der völligen Ruhe doch nur fünf weitere Aufsätze schafft.

Am 7. und 8. Dezember ist es sogar noch ruhiger in der Schule als sonst. Die sechs Elterngespräche sind für Herrn Rammelmeyer ein Klacks neben den jeweils nur fünf Unterrichtsstunden. Ach ja, stimmt, er hätte die eigentlich vorbereiten müssen. Na ja, egal. Am Nachmittag können problemlos die restlichen Aufsätze zu Ende korrigiert werden. Schließlich war es das große Ziel von Herrn Rammelmeyer, dass er damit noch in dieser Woche fertig wird. Damit er ganz in Ruhe und Besinnlichkeit die 22 Oberstufenklausuren in Deutsch korrigieren kann, die er am 8. Dezember schreiben musste. Deren Korrektur dauert zwar pro Aufsatz eine bis eineinhalb Stunden, aber dafür macht sie auf Grund der durchweg höchsten Qualität der Arbeiten voll viel Freude.

Am 9. und 10. Dezember kann Herr Rammelmeyer leider schon wieder nicht mit seiner Familie und seinen Bekannten auf den Weihnachtsmarkt gehen. Langsam vermisst er die ehrlichen Kommentare seiner Freunde.

Nach den besinnlichen Korrekturstunden am Wochenende ist es wunderbar, am 11. Dezember in der Schule am Nachmittag eine zusätzliche Fortbildung zum Thema »Digitalisierung – Endlich eine gute und moderne Schule werden« zu bekommen. Der Direktor hatte sie extra auf den Dezember gelegt, da hier ja traditionell eh viele Zeitlücken vorhanden sind. Nachdem am 12. Dezember weitere vier Eltern zu Gesprächen vorbeigekommen sind, um die Briefe der vorigen Woche zu diskutieren, kann die Besinnlichkeit am 13. Dezember die nächste Stufe erreichen. Denn hier findet der allgemeine Elternsprechtag statt, zu dem alle anderen Eltern kommen, die bisher noch nicht wegen der Briefe vorbeigeschaut haben. Da man vor

Weihnachten natürlich nichts Böses sagen soll und Herr Rammelmeyer dem Christkind auch nicht ins Handwerk pfuschen will, hat er in den vergangenen Monaten nur ausgesprochen brave und interessierte Schüler unterrichtet. Dass diese Feststellung schon am 14. und 15. Dezember nicht mehr haltbar sein würde, hat Herr Rammelmeyer da bereits geahnt. Dennoch soll die staade und besinnliche Zeit nicht von unnötigen Nebenkriegsschauplätzen mit Schülern belastet werden. Zusätzlich darf Herr Rammelmeyer am 14. Dezember abends noch zum Weihnachtskonzert der Schule kommen, das eine freiwillige Pflichtveranstaltung für die Lehrer darstellt.

Schade eigentlich, dass am 16. und 17. Dezember nur die Geburtstagsfeier der Schwester von Herrn Rammelmeyer und der Weihnachtsmarktbesuch mit seiner Familie und den Freunden auf dem Programm steht. Seine Frau hat ihn dieses Mal gezwungen, zu beidem mitzugehen, da sie nicht möchte, dass er sich zu Hause langweilt. Zum Glück können die Freunde wenigstens an diesem Wochenende die gut gefüllte Anti-Lehrer-Sprüche-Kiste über Herrn Rammelmeyer ausschütten. Gott sei Dank hatte Herr Rammelmeyer sämtliche Sprüche seiner Freunde noch nie zuvor in seinem Leben gehört, sonst hätte es ihn womöglich gelangweilt. Ach ja, fast vergessen hat er, dass glücklicherweise immer noch 15 Oberstufenklausuren auf seinem Schreibtisch liegen, aber für deren Korrektur ist ja ausreichend Zeit in den kommenden Tagen.

Am 18. Dezember fallen Herrn Rammelmeyer zwei Unterrichtsstunden wegen der Weihnachtsturniere im Hallenhockey und Basketball aus, was natürlich wunderbar ist, denn so kann er bei den Turnieren fünf Stunden die Aufsicht übernehmen. Den Nachmittag verwendet er für das Korrigieren von ein paar Klausuren. Ach ja, und immer wieder kommt da noch diese Unterrichtsvorbereitung mit ins Spiel, aber die ist sowieso ein Klacks.

Am 19. Dezember wird es nachmittags noch ruhiger in der Schule, als es eh schon war, denn die Schüler haben frei bekommen, damit die Lehrer eine Konferenz abhalten können. In dieser werden in kurzer Zeit, so drei Stunden etwa, die grundlegenden Beschlüsse für die nächsten Schulwochen nach den Ferien getroffen. Am 20. Dezember ist tatsächlich NICHTS ... außer den normalen sieben Unterrichtsstunden und der Korrektur einiger der verbliebenen elf Deutschklausuren. Nachdem am 21. Dezember dann die absolute Ruhe eingekehrt ist, gehen alle Lehrer zur gemeinsamen Weihnachtsfeier, die dankenswerterweise jeder und somit auch Herr Rammelmeyer selbst bezahlen darf.

Am 22. Dezember verabschiedet Herr Rammelmeyer seine Schüler in die eigentlich noch gar nicht so notwendigen Ferien und denkt an das gemütliche Korrigieren der letzten neun Klausuren. Blöd, dass er davor noch einen Christbaum, 13 Weihnachtsgeschenke und natürlich eine Weihnachtsgans kaufen muss – stimmt, das hatte er während der vielen Freizeit die letzten Wochen völlig übersehen.

Den Einkauf am 22. Dezember hat Herr Rammelmeyer leider nicht ganz geschafft. Aber den Rest kann er ja schließlich am 23. Dezember und erst recht am 24. Dezember bis 12 Uhr erledigen, da ist es eh immer angenehm stressfrei in den Geschäften und extrem ruhig.

Am Heiligen Abend selbst kann Herr Rammelmeyer dann völligst entspannt das Weihnachtsfest einläuten. Denn ihn hat glücklicherweise eine Grippe erwischt und er darf sich besinnlich zu seiner Wärmflasche und seiner dicken Decke ins Bett kuscheln. Seine Kinder bringen ihm ihre liebevoll selbstgebastelten Geschenke ans Bett und singen ihm ein paar Weihnachtslieder. Zum Glück konnte sich Herr Rammelmeyer wenigstens schon wunderbar in den letzten besinnlichen Wochen auf das Weihnachtsfest einstimmen. Einfach herrlich entschleunigend, so ein Lehreradvent!

11

Den Sinn von Weihnachten erkennt man im Strahlen von Kinderaugen.

Weihnachtslichter

»Papiii, wo bist du?« Meine dreijährige Tochter ruft mich von der Haustüre aus. Ich eile zu ihr und sehe sie dort strahlend mit Teelichtern und Streichholz ausgestattet stehen. Wie jeden Tag seit dem ersten Adventswochenende hat sie mit Spannung darauf gewartet, dass die Sonne untergeht und die Nacht hereinbricht. Denn dann kann endlich unser vorweihnachtliches Abendritual beginnen: Das Anzünden der Kerzen und das Anschalten der Lichterketten.

Vor unserer Haustür stehen zwei weiße Laternen. Eine, die runde, für unsere zwei Mädels im Haus, meine Frau und meine Tochter. Die andere, eckige, für die beiden Jungs, meinen knapp einjährigen Sohn und mich. Gemeinsam mit meiner Tochter bringe ich das Streichholz zum Brennen und wir entzünden das Licht zu unserem Aufgang. Danach schalten wir zusammen die warmweißen Lichterketten oder Leuchtsterne am Vordach, im Wohnzimmer, im Lesezimmer und im Schlafzimmer an. Und jedes Mal aufs Neue erfreuen wir uns an dem kleinen Stück Licht mehr, das uns die Dunkelheit der Nacht zunächst erleichtert und schließlich zu einer wohligen und zauberhaften Weihnachtsstimmung wird.

Wir lassen uns Zeit bei unserem Weg durchs Haus. Zeit, in der wir uns von nichts abbringen lassen. Eine ruhige, eine herzliche, eine besinnliche Zeit, in der wir alles um uns herum ausblenden. Ich denke nicht an die noch ausstehenden Aufgaben, an die normalen vorweihnachtlichen Probleme in der Arbeit, an die alltäglichen Sorgen. Meine Frau begleitet uns mit unserem kleinen Sohn. Schon jetzt leuchten bei jedem neuen Licht seine kleinen Augen und werden ganz groß. Es scheint, als bringe das Licht jedem Menschen, egal wie jung er noch ist, die Bedeutung des Weihnachtsfestes näher, als leuchte es direkt in das Herz aller.

Nachdem wir das letzte Licht entzündet haben, gehen meine Tochter und ich ein paar Schritte zurück zu meiner Frau, die unseren Sohn auf dem Arm trägt. »Familienkuscheln«, flüstert meine Tochter mit leuchtenden Augen und schon liegen wir vier uns selig in den Armen. Aus Nähe wird Wärme, aus Lachen wird Glück, aus Licht wird Liebe. Eine Liebe, die uns nicht nur durch die Weihnachtszeit begleitet, sondern das ganze Jahr. Aber zu keiner anderen Zeit wird es einem so bewusst wie jetzt.

Meine Frau schaut mich an und lächelt. Ich drücke sie noch einmal fest an mich. Dann blicken wir uns tief in die Augen und nicken uns strahlend zu: Schön ist's, diese Weihnachtszeit! Schön ist's, mit unseren Kindern! Schön ist's, unsere Ehe! Schön ist's, unser Leben! Unser Leben, das vom Licht der Weihnacht sogar noch ein bisschen heller gemacht wird. Schön ist's!

Weihnachtsruhe

Wenn leis' des Tages Licht vergeht
Das Sternlein hell und klar aufgeht
Ein Schleier unsre Welt umhüllt
Das Herz mit Ruhe füllt

Dann hör' nicht auf, daran zu glauben
Lass dir nicht die Freude rauben
Gib dem Kindlein Platz im Herzen
Vergiss die Sorgen! Und die Schmerzen!

12

Wer immer in der Reihe tanzt, verpasst die Kür.

Echte Weihnachtsliebe

(Diese Weihnachtsgeschichte wurde auf der offiziellen FC Bayern-Weihnachts-CD von Bayern1-Moderator und FC Bayern-Stadionsprecher Stephan Lehmann gelesen.)

Der 1. Dezember ist normalerweise ja der Beginn der ruhigen, staaden Zeit. Auch der Kreitmeier-Franz, ein FC Bayern-Fan mit Leib und Seele, hat dies immer genossen. Doch an diesem 1. Dezember war alles anders als bisher. Begonnen hat das Ganze damit, dass vor dem seit einigen Wochen zum Verkauf stehenden Nachbarhaus der Kreitmeiers ein Umzugslastwagen mit Dortmunder Kennzeichen gehalten hatte, was ja eigentlich noch gar nicht so schlimm gewesen wäre. Auch als ein sympathisch wirkendes Ehepaar mit einem etwa zehnjährigen freundlich aussehenden Sohn aus einem kurz danach ankommenden Auto ausgestiegen war, haben sich die Kreitmeiers nichts dabei gedacht. Schließlich hatten sie selbst eine elfjährige Tochter, Lisa, und einen neunjährigen Sohn, Lorenz, die sich beide ja mit dem neuen Nachbarsjungen anfreunden könnten.

Am Abend dieses Tages haben sich Franz und seine Frau Anni deshalb überlegt, dass sie sich gleich mal bei ihren neuen Nachbarn vorstellen könnten, und verließen mit diesem Ziel das Haus. Aber was die Kreitmeiers dann sahen, verschlug ihnen den Atem. Beziehungsweise verschlug es nur dem Franz den Atem, die Anni musste eher schmunzeln und nahm die Sache eigentlich gar nicht so besonders ernst.

»Das ist ja das Allerletzte!«, schimpfte Franz, als er seine Frau zurück in ihr Haus gezogen hatte. »Hast du so etwas schon mal gesehen?!? So eine Unverschämtheit!«

Da halfen auch sämtliche Beruhigungsversuche seiner Ehefrau nichts. Franz war offensichtlich tief erschüttert, dass sein neuer Nachbar gerade mit seinem Sohn im Vorgarten einen etwa einen Meter hohen Leuchtschneemann aufgestellt hat. Wohl aber nicht wegen des Schneemanns an sich, der war aus Plastik und sah eigentlich recht nett aus. Sondern wegen des schwarz-gelben Outfits des Schneemanns! Franz konnte es nicht fassen, sein neuer Nachbar war Borussia-Dortmund-Fan! Und dieser stellte einen Schneemann auf, der auf seinem schwarz-gelben Zylinder ein BVB-Logo trug, auf seinem schwarz-gelben Frack den Schriftzug »Echte Liebe« und in der Hand eine schwarz-gelbe Schneeschaufel hielt. Sogar die Karottennase war schwarz-gelb.

»Also, was ist denn das für ein Verhalten?«, ärgerte sich der Franz. »Da sind die den ersten Tag in ihrer neuen bayerischen Heimat und dann stoßen sie ihre Nachbarn so vor den Kopf!«

»Mei, Franz«, antwortete die Anni, »jetzt sei halt nicht so! Die wollten doch keinen vor den Kopf stoßen, die sind halt einfach BVB-Fans! Die muss es doch auch geben!«

»Das kann schon sein, dass es die auch irgendwo geben muss«, schimpfte der Franz weiter, »aber hier bei uns muss es die nicht geben! Und wie unverschämt ist es denn, am ersten Tag bereits einen BVB-Schneemann aufzustellen, bevor man sich überhaupt bei seinen Nachbarn vorgestellt und um Erlaubnis gefragt hat.«

Anni merkte schon, dass es gerade keinen Zweck hatte, ihren Mann von etwas anderem zu überzeugen, und ließ das Thema einfach für diesen Abend gut sein, mit der Hoffnung, dass morgen alles erledigt sei. Allerdings sollte sich herausstellen, dass sie sich da gewaltig getäuscht hatte. Kaum hatten sie an diesem Samstagmorgen gefrühstückt, sprang ihr Mann auf, packte Lorenz ein und fuhr weg. Als beide nach etwa zwei Stunden wiederkamen und die Anni wissen wollte, wo sie gewesen waren, konnte sie ihren beiden Männern nichts entlocken außer einem gemeinschaftlichen »Wart nur ab, Mama!«.

Kurz nach Mittag klingelte es an der Tür. Lisa sprang zum Eingang und öffnete, woraufhin freundliche und laute Hallos ausgetauscht wurden.

Als Franz mit Anni zur Haustür ging, um zu schauen, wer da gekommen war, war er wie vom Blitz getroffen: Diese Dortmunder Nachbarn, diese schwarzgelben Eindringlinge standen vor der Tür und hatten doch tatsächlich die Frechheit besessen, bei ihnen zu läuten.

»Hallo, wir sind die Hellmanns«, grinste der Vater durch die Haustüre nach innen, »ich bin Udo, das ist meine Frau Anke und hier ist unser Sohn Sören«.

»Sehr erfreut«, lächelte Anni zurück, »schön, dass Sie hier bei uns in der Straße sind. Ich hoffe, Sie fühlen sich wohl.«

Nach einem kurzen Austausch von Freundlichkeiten, kam es wie aus dem Nichts zu einem offensiven Angriff Udos auf Franz: »Na, Herr Kreitmeier, wie gefällt Ihnen mein BVB-Schneemann? Das sind doch tolle Farben, oder? So kann man Bayern schöner machen, nicht?!?«

Franz traute seinen Ohren nicht. Was bildete dieser Hellmann sich denn bitte ein? Doch Franz hatte keine Lust, sich provozieren zu lassen und konterte Udo eiskalt aus: »Herr Hellmann, Farbenblindheit scheint ein weitverbreitetes Problem in nördlicheren Gegenden Deutschlands zu sein, nicht wahr? Wir sind sehr zufrieden mit unseren rot-weißen Grundfarben!«

Darauf entgegneten die Hellmanns zunächst nichts. Nach einem Augenblick peinlicher Stille sagte Udo scheinheilig, als ob er das Vorherige nicht gehört hätte: »Vielleicht können wir ja die nächsten Tage einmal gemeinsam einen Glühwein im Garten trinken! Das wäre schön! Bis bald!«

»Ganz sicher ...«, antwortete Franz und verzog seinen Mund zu einem gezwungenen Lächeln, um nach dem Schließen der Haustür anzufügen, »ganz sicher ... NICHT!«

Gegen Abend bei beginnender Dämmerung gingen Franz und Lorenz in ihren Vorgarten. Kurz darauf wussten Anni und die ganze Straße, was ihre beiden Männer am Vormittag besorgt hatten. Denn es erleuchtete nun ein etwa drei Meter hoher aufblasbarer FC Bayern-Schneemann den Garten der Kreitmeiers. Auf dem Kopf eine FC Bayern-Zipfelmütze, in der Hand eine FC Bayern-Fahne und natürlich durfte das Bayern-Trikot auch nicht fehlen. Nun war sich Franz sicher, dass er gewonnen hatte und stand stolz vor seiner Neuerwerbung, die den winzigen Schneemann der Hellmanns wie ein Kinderspielzeug aussehen ließ.

Vier Tage passierte nun auch wirklich nichts. Außer, dass jeden Abend aufs Neue der Schneemann der Kreitmeiers den kleinen Schneemann der Hellmanns in den Schatten stellte. Doch am Nikolaustag wurde Udo Hellmann in seinem Vorgarten wieder aktiv. Er stellte doch tatsächlich eine lebensgroße Nikolauspuppe auf, die statt den traditionellen Farben rot und weiß in schwarz-gelb gekleidet war. Der Nikolaus saß in einer schwarz-gelben Kutsche und wurde von sieben Rentieren gezogen, deren Kopf, Schwanz und Füße gelb und deren Körper schwarz war.

Natürlich musste jeder verstehen, dass der Franz diese erneute Unverschämtheit nicht auf sich sitzen lassen konnte. Er bereitete sich fünf Tage intensiv vor, um dann zu einem strahlenden Gegenschlag auszuholen. Zusammen mit Lorenz und Lisa befestigte er Lichterketten in den Farben rot und weiß an der Hauswand, der Dachrinne, den Bäumen des Vorgartens und natürlich auch an seinem Lattenzaun. Die Latten hatte Franz übrigens tags zuvor bereits rot und weiß gestrichen.

Da somit jetzt die Mitte der Adventszeit erreicht war, war es für Franz an der Zeit, nun endgültig die staade Zeit einzuläuten und er hatte wirklich vor, die Verfehlungen des schwarz-gelben Nachbarn zu verzeihen. Schließlich sahen dessen Haus und vor allem dessen Vorgarten in dem rot-weißen Licht der etwa 7000 LED-Lämpchen gar nicht mehr so schlimm aus.

Allerdings zeigte sich wiederum, dass der Hellmann ein ganz übler Kerl und schlechter Verlierer war. Nur zwei Tage danach schmückte der Dortmunder nämlich sein ganzes Haus außen mit BVB-Fähnchen, stellte einen zehn Meter hohen Fahnenmast mit Dortmundfahne auf und hängte – das war der Gipfel der Unverschämtheit – dem winzig kleinen BVB-Leuchtschneemann einen schwarz-gelben Schal um. Auf diesem stand in fetten Druckbuchstaben: »DFB Pokal Sieg 2012 – 5:2 gegen die Bayern – Ich war dabei!«

Nun platzte dem Franz aber der Kragen. Er stürmte zu den Hellmanns hinüber und schrie Udo an, was ihm einfiele, in der Weihnachtszeit lauter Fähnchen aufzustellen und ob er denn nichts Weihnachtlicheres auf Lager hätte. Schließlich würden diese unweihnachtlichen Fähnchen die gesamte idyllische Adventsstimmung in der Straße zerstören. Udo gab sich daraufhin zunächst eher uneinsichtig, schimpfte aber dem Franz bei dessen Weggehen dennoch hinterher: »Wenn Ihnen das zu unweihnachtlich ist, dann werde ich es Ihnen so richtig weihnachtlich zeigen!«

Als die Kreitmeiers am nächsten Morgen ihre Rollos öffneten, trauten sie ihren Augen nicht. Im Garten der Hellmanns stand zwischen Nikolaus und Schneemann ein riesiger Weihnachtsbaum – ein wirklich riesiger Weihnachtsbaum – komplett in Schwarz-Gelb! An dem Baum hingen gelbe und schwarze Kugeln sowie gelbes und schwarzes Lametta, dazwischen baumelten gelb-schwarze Zuckerstangen, es leuchteten gelb-schwarze Lichter und noch vieles mehr.

In der übernächsten Nacht wollte der Franz dieser Dortmundsache endgültig ein Ende bereiten. Mit einigen Spraydosen bewaffnet und mit drei großen Dekoschachteln in der Hinterhand schlich er sich in den Garten der Hellmanns. Den Schrei von Udo Hellmann nahm Franz zufrieden an seinem Küchentisch wahr. Udo hatte offensichtlich ein sehr lautes Organ und er schien sich nicht besonders schnell wieder einzukriegen. Und das nur, weil Franz in der letzten Nacht Schneemann und Nikolaus mit seinen Spraydosen in rot und weiß umlackiert hatte, was ja wirklich eine sinnvolle Maßnahme war, wer hat denn schließlich schon mal einen gelb-schwarzen Nikolaus gesehen. Oder hat es Udo vielleicht geärgert, dass Franz die gelb-schwarze Baumdeko abgenommen und dafür den ganzen Baum in Rot und Weiß umgestaltet hatte? Das würde Franz schon sehr verwundern! Denn schließlich hatte er alle gelb-schwarzen Dekoartikel in Schachteln gelegt, was sehr nett von ihm war, er hätte sie ja auch wegwerfen können.

Nichtsdestotrotz klingelte es nur wenige Sekunden nach dem übertriebenen Schrei Udos an der Haustüre der Kreitmeiers Sturm. Franz öffnete und konnte sich ein Grinsen nicht verkneifen, als er den Udo wild fuchtelnd und mit hochrotem Kopf draußen stehen sah.

»Was fällt Ihnen ein, Kreitmeier«, schrie er, »ich werde es Ihnen heimzahlen!«

»Was wollen Sie mir denn bitteschön heimzahlen?!?«, antwortete der Franz mit weihnachtlich bayerischem Überlegenheitsgefühl und ergänzte: »Sie müssten mir eigentlich dankbar sein, schließlich habe ich ohne etwas zu verlangen gestern Nacht Ihren Garten verschönert!«

»Sie haben sich mit dem Falschen angelegt, Kreitmeier, ich werde Sie …«, drohte Udo völlig hysterisch.

»Sie werden mich?!? Sie werden mich?!? SIE WERDEN …!« Plötzlich stockte Franz und blickte

Udo in die Augen. Er erkannte, dass Udo den ganzen Streit eigentlich genauso wenig wollte, wie er selbst. Und außerdem war Franz ein absoluter Weihnachtsfan, weshalb ihm der Streit so knapp vor dem Heiligen Abend noch mehr gegen den Strich ging. Also setzte Franz an und sagte: »Sie werden mich zwar nicht von Ihrer gelb-schwarzen Leidenschaft überzeugen, aber ich werde Ihnen trotzdem jetzt ganz ehrlich die Hand reichen. Lassen Sie uns das Kriegsbeil begraben! Denn das Schönste ist doch der Fußball!«

»Puh! Da bin ich jetzt wirklich überrascht, Herr Kreitmeier!«, entgegnete Udo und reichte Franz lächelnd die Hand. »Gesunde Rivalität zwischen dem FC Bayern und dem BVB ist ja schon wichtig, aber ich finde, in unserer Nachbarschaft können wir trotzdem Spaß haben!«

»Da habt ihr aber nochmal Glück gehabt!!!«, ertönten plötzlich die Stimmen ihrer beiden Ehefrauen hinter dem Rücken der Männer, die sich fragend anblickten.

»Wenn ihr euch jetzt nicht bald vertragen hättet, dann hätten wir euch mit Nachdruck zum Versöhnen gebracht!«, sagte die Anni.

Und Anke ergänzte grinsend: »Genau! Schließlich haben Anni und ich schon seit Mitte Dezember ausgemacht, dass wir Weihnachten zusammen feiern werden!«

Es stellte sich heraus, dass Anke und Anni sich seit Anfang Dezember bereits mindestens zehn Mal zum Kaffeetrinken getroffen und sich dabei unglaublich gut verstanden hatten, während ihre beiden Männer in der Arbeit waren. Als Franz und Udo ansetzen wollten, sich über diesen ungeheuerlichen Vertrauensbruch ihrer Gattinnen beschweren zu wollen, ließen die Blicke der beiden Damen sie aber sofort verstummen. Sie waren ja schließlich nicht erst seit gestern verheiratet.

So kam es, dass es im Hause Kreitmeier in diesem Jahr erstmals einen Heiligen Abend gab, an dem ein wunderschöner Christbaum das Wohnzimmer erleuchtete, dessen eine Seite komplett in den Farben Rot und Weiß und dessen andere Seite komplett gelb und schwarz erstrahlte. Dem Engel, der bei den Kreitmeiers traditionell auf der Spitze des Baumes saß, hatte die Hobbyschneiderin Anni übrigens ein Trikot genäht, das zur Hälfte aus FC Bayern-Stoff und zur anderen Hälfte aus BVB-Stoff bestand.

Die Kreitmeiers und die Hellmanns feierten zusammen ein herrliches Weihnachtsfest, sangen gemeinsam die schönsten Weihnachtslieder, lasen sich Geschichten vor und lachten stundenlang. Am Ende des langen Abends lächelte Udo beim Gehen dem Franz zu und sagte: »Lieber Franz, ganz ehrlich, ›Mia san mia‹ ist viel schöner und besser als ›Mia san Feinde‹.«

Und Franz antwortete, als er seinem neuen Freund fest zum Abschied die Hand drückte: »Das stimmt, Udo! ›Echte Liebe‹ gibt es halt auch über die Vereinsfarben hinaus: Echte Weihnachtsliebe!«

13

Eine Schneeflocke ist das Geschenk Gottes, der dir sagt: »Geh raus! Freu dich!«

Weihnachtsabend

Bei den Rammelmeyers geht es traditionell ruhig und besinnlich am Heiligen Abend zu. Nach dem leckeren Bratwurst-Schmaus begibt sich Papa Franz Rammelmeyer mit seiner ganzen Familie – Mama Elisabeth, Oma, Opa, Julian, Mia und Lukas – ins Wohnzimmer. Papa Rammelmeyer hat als Zeremonienmeister natürlich alles fest im Griff.

Schaut's mal, Kinder, das Christkind war schon da … Julian, sei leise! Das müssen deine beiden kleinen Geschwister nicht wissen … Und die Kerzen am Christbaum hat das Christkind auch angezündet … Ja, ich weiß, Julian, dass du das nicht mehr glau … Jetzt sei leise … Finger weg, Lukas, Geschenke werden erst nach dem besinnlichen Teil ausgepa …

Nein, ich bin nicht zu streng, Opa … Julian, Mia, nehmt's eure Flöten zur Hand, starten wir … Nein, es ist nicht unfair, Lukas, dass du nicht mitspielen darfst, du kannst das halt nicht …

Ja, ich sehe auch, dass der Lukas jetzt heult, danke Elisabeth … Was hätte ich denn sagen sollen, wenn er's nicht kann? … Jetzt bin ich wieder schu … Was heißt da »wer denn sonst«? Na, der Lukas natürlich, weil er's nicht kann …

Ich sehe, dass er noch mehr weint … Lukas, hey, nicht weinen, der Papi kann auch ganz viel nicht … Ich weiß, dass du ganz toll Trommel spielen kannst, ja … Nein, du darfst sie nicht holen, die stört …

Julian, Finger weg von den Geschenken … Wegen mir kann der Lukas seine Trommel holen, Oma, ihr werdet's schon sehen, was ihr davon habt's ... Doch, ich traue meinem Sohn schon was zu ... Nein, Opa, ihr wart's sicher nicht netter zu mir ... Nein, ich will nicht sagen, dass ich eine schlechte Kindheit hatte, Oma ...

Ruhe, jetzt! Lukas, hol deine Trommel, damit wir endlich anfangen können ... Elisabeth, was schaust denn so? ... Ja, glaubst ich hab mir das so vorgestellt?!? ... Mir wär's ja auch lieber, wenn der Lukas Flöte spielen könnte ... Was meinst denn dann?!? ... Doch, ich verstehe dich schon. Wahrscheinlich sogar als einziger! ...

Mia, bring doch der Mama mal bitte ein Taschentuch ... Wieso bin ich herzlos, Oma, ich kümmer mich doch sogar drum, dass sie ein Taschentuch kriegt ...

Ah, da bist ja, Lukas, dann legen wir los! Starten wir mit »Oh du fröhliche« ... Ja, dann halt mit »Alle Jahre wieder«, Julian, wenn euch das lieber ist ...

Nein, Mia, der Julian darf nicht immer bestimmen, ich bestimme ... Wisst's was, dann singen wir was ganz anderes, und zwar »Es wird scho glei dumpa« ... Wie?!? Von dem Lied habt's ihr keine Noten?!? Na super ... Also dann singen wir »Leise rieselt der Schnee« ... Ich zähl ein ...

Elisabeth, es ist doch schon wieder gut ... Jetzt singen wir zusammen, komm ... Jetzt lass uns halt den Heiligen Abend nicht ...

Ja, Elisabeth, es tut mir leid ...

Ja, Opa, wir fangen jetzt an ...

Ja, Oma, ich bin ein Depp ...

Nein, Julian, du darfst in der Zwischenzeit noch keine Geschenke auspacken ... Herrschaftszeiten, wir singen jetzt: 1, 2 ... Wo hast du denn deinen Schläger vergessen, Lukas? ... Im Zimmer? ... Das ist aber ganz schön doof, wenn man die Trommel extra holt, dann nimmt man doch auch die Schläger mit ... Danke, Elisabeth, ich sehe selbst, dass er jetzt wieder heult ... Komm, Lukas, hol dir schnell deine Schläger ... Nein, Opa, du brauchst dir jetzt in der Zwischenzeit kein Bier holen ...

Wisst's ihr was, sollen wir einfach gleich mit der Bescherung anfan ...?

Julian, Mia, das war eine rhetorische Frage ... Rhetorisch heißt, dass das Christkind jetzt gleich wiederkommt und alle Geschenke wieder mitnimmt, wenn ihr eure Geschenke nicht sofort wieder auslasst's ...

Natürlich sehe ich, dass beide jetzt heulen! ... Ja, natürlich weiß ich, dass man den Kindern nicht mit der Strafe des Christkinds drohen soll. Aber es war ja praktisch Notwehr! ... Ich weiß auch nicht, warum ich das gesagt habe, ich denke mir halt nicht immer so viel bei allem ... Danke, Oma, ich merke selbst, dass ich anscheinend zu wenig denke ...

Ah, Lukas, da bist ja mit den Schlägern. Also starten wir, 1, 2, 3 ...

Ach so, ja, ich habe auch vergessen, was wir jetzt eigentlich singen wollten, machen wir einfach »Fröhliche Weihnacht« ... 1, 2, 3 ... Fröhliche Weihnacht überall, Tönet durch die Lüfte froher Schall ...

Das ist doch wurscht, Oma, wenn der Opa falsch singt ...

Jetzt stell dich nicht so an, Julian, du wirst doch das Lied spielen können, auch wenn der Lukas falsch dazu spielt ...

Nein, Lukas, du hast natürlich nicht falsch gespielt ...

Ja, Elisabeth, ich sehe, dass der Lukas wieder weint … Lukas, ein Schlagzeuger heult nicht. Und ein Mann erst recht nicht! …

Ich weiß, Oma, dass das eine »sehr sinnvolle Erziehung« ist, danke! …

Was weißt du denn, Mia? … Ach so, was wir vorher singen wollten. Na, was denn? … Stimmt, »Leise rieselt der Schnee«, also spielt's das! Kommt's …

Mei, Julian, dann setzt du halt aus, wenn du das für ein Babylied hältst … So, 1, 2, 3 … Leise rieselt der Schnee, still und starr ruht der See … Julian, das Reh bieselt nicht in den Starnberger See … Hört nur wie lieblich es hallt. Freue dich, das Christkind kommt bald …

Geil, Julian, die Variante habe ich noch nie gehört! Hört nur, wie lieblich man lacht, wenn der Lehrer durch die Eisdecke kracht. Tatsächlich lustig, Julian …

Doch, Elisabeth, ich bestärke ihn schon in dem Schmarrn, weil's lustig war …

Ich lese euch jetzt noch ein kleines Gedicht vor: Das Weihnachtsganserl Edeltraud, hat sich im Stall den Kopf ang'haut. Schnabel 'prellt und Kopf erschüttert, zum Glück war sie schon gut gefüttert. Denn so wurde nicht lang g'schaut, und ihr sofort der Kopf abg'haut.« … Natürlich denke ich, dass das lustig ist, Elisabeth …

Natürlich denke ich, dass das am Heiligen Abend passt, Oma …

Natürlich sehe ich, dass Mia und Lukas weinen …

Lukas, weinst du auch wegen der Edeltraud? … Was?!? Du hast dir mit dem Trommelschläger ins Auge gehaut?!? Wie schafft man denn sowas?!? … Nein, ich schimpfe doch nicht … Ich rede halt einfach immer ein bisschen zu laut …

Jetzt singen wir noch ein Lied und dann gibt's Bescherung … Mir doch egal, Julian, wenn du keine Lust mehr auf Flöten hast … Stimmt, Mia, der Julian spielt eh grausam … Singen wir noch »Oh Tannenbaum« …

Ernsthaft, Lukas, du musst jetzt auf's Klo? Kannst nicht noch ein bisschen zusammendrücken?!? …

Nein, ich bin kein Kinderquäler, Oma. Ab, Lukas, geh! …

Nein, du darfst noch nicht auspacken, Julian …

Herrschaftszeiten, jetzt nimm dir mal ein Beispiel an deiner Schwester … Hör sofort auf, sie zu schlagen! … Mia, nicht zwicken, das macht man nicht … Sagt's mal, da nimmt fei das Christkind wirklich alle Geschenke wieder mit, wenn ihr so gemein seid …

Ich weiß, Julian, dass du das nicht mehr gla … Ah, Lukas, da bist ja endlich, also starten wir … 1, 2, 3 … Oh Tannenbaum, oh Tannenbaum, wie grün sind deine Blätter … OPA?!? Das war ja hammerlustig … Habe ich echt noch nie gehört: Oh Tannenbaum, oh Tannenbaum, die Oma kotzt in' Kofferraum …

Ich darf selbst entscheiden, ob ich etwas lustig finde, Mama, äh, Oma …

Also ich glaube, es reicht mit Besinnlichkeit, auf zur Bescher … Halt! Halt! Einer nach dem and …! … Ach, wisst's was: Macht's einfach! Frohe Weihnachten! … Ja, ja, ich hab euch auch lieb! Sehr sogar!

Wenn Ochs und Esel …

Folge 1:
Wenn Ochs und Esel allein im Stalle sind
bei der Geburt des lieben Jesuskind,
würden wir doch gern erfahren,
ob Kuh und Eselin shoppen waren.

Folge 2:
Wenn Ochs und Esel allein im Stalle sind,
fragt sich so manches Menschenkind,
ob sie sich dabei gut verstehen
oder sich auf die Nerven gehen.

Folge 3:
Wenn Ochs und Esel im Stalle standen,
Hirten und Könige das Büblein fanden,
hat das eine allzu maskuline Note:
Wo bleibt hier die Frauenquote?

1. Strophe
Am Heiligsten Abend
Vor so langer Zeit
Schenkte Gott uns Gnade.
War'n wir dazu bereit?

2. Strophe
In alle Seelen Lichte
Bringt Jesus, Gottes Sohn.
Macht es nicht zunichte,
Auch wenn Zweifel droh'n.

14

Sterne sind das Funkeln in den Augen der Engel.

Die selbstgebackenen Plätzchen des Chefs

Herr Hofinger war ein ganz besonderer Chef gewesen. 23 Jahre Direktor des örtlichen Gymnasiums und eine Institution in allen Fragen der Schule und Kultur im Landkreis. Als Herr Hofinger schon auf die 60 zuging, kam Franziska Kleinert als dritte Sekretärin an die Schule, gerade frisch aus der Ausbildung und voller Tatendrang.

Sie lernte schnell: Was Herr Hofinger sagte, war Gesetz. Sein Auftreten ließ keinen Widerspruch zu. Gegenüber den drei Sekretärinnen war er oft höflich und zuvorkommend, man spürte, dass er sie wirklich schätzte und dass ihm das Wohl seiner Vorzimmerdamen am Herzen lag. Aber nicht nur einmal hatte Herr Hofinger in den Wochen, Monaten und Jahren danach Franziska mit bestimmten, teilweise auch harschen Worten in die Schranken gewiesen. Er konnte nicht jede seiner Launen verbergen, aber er hatte das Herz am rechten Fleck. Das erkannte man nicht nur an den kleinen Blumenaufmerksamkeiten, die er seinen Sekretärinnen immer mal wieder unter der Zeit mit einem Lächeln überreichte.

Viele Worte verlor er dazu nicht, denn das persönliche Gespräch, der alltägliche Smalltalk, war nicht seine Paradedisziplin. Doch, er interessierte sich schon für das Privatleben seiner Angestellten und erst recht für das Wohlergehen aller; allein das Gespräch darüber war immer eher holprig und stockend. Wenn es um seinen Beruf und die Schule ging, konnte Herr Hofinger stundenlang sprechen, aber über Eigenes, Privates,

Freizeitmäßiges, Gefühlsbetontes fiel ihm die Gesprächsführung schwer.

Mittlerweile sind seit Franziska Kleinerts Dienstantritt über 20 Jahre vergangen. Sie gehört nun schon zum älteren Inventar des Gymnasiums und Herr Hofinger ist seit 17 Jahren in Pension.

An jedem 23. Dezember klingelte es seitdem an der Haustür von Franziska Kleinert. Davor stand Herr Hofinger, freundlich lächelnd, mit wachen Augen und klarem Verstand und immer noch die Aura und die Autorität eines wahren Chefs ausstrahlend.

»Hallo, liebe Frau Kleinert«, sagte er immer, »ich habe heuer selbst Plätzchen gebacken und die möchte ich mit den wichtigsten Damen in meinem Leben – nach meiner Frau natürlich – teilen«.

Er überreichte ihr mit diesen Worten ein kleines, in Klarsichtfolie eingepacktes und mit einem rot-weißen Weihnachtsschleifchen zugebundenes Päckchen Plätzchen. Nein, reinkommen könne er nicht, schließlich möchte er allen seinen Sekretärinnen und Direktoratsmitarbeitern noch ein Plätzchenpäckchen vorbeibringen. Ja, es gehe ihm gut, keine Beschwerden. Wie es ihr ginge? Das freue ihn sehr und er wünsche natürlich von Herzen, dass dies auch so bliebe. Sie sehe blendend aus und er hoffe, dass es auch dem Gatten weiterhin gut ginge. Oh, ihn freue das kleine Geschenk sehr, das Frau Kleinert ihm gebastelt habe. Jetzt müsse er aber wieder los.

Nach nicht einmal zehn Minuten war Herr Hofinger dann auch schon wieder in seinem silbernen Mercedes davongebraust. Jahr für Jahr. Gut, in den letzten drei, vier Jahren hat man ihm angemerkt, dass der

Schritt etwas langsamer, dass der Körper etwas schwächer wurde, aber Verstand und Aura, die waren wie eh und je außerordentlich vorhanden.

In diesem Jahr kam Herr Hofinger am 23. Dezember nicht vorbei. Franziska Kleinert hatte auf ihn gewartet und sich gefreut, ihn wiederzusehen. Sie hatte ihm auch wie immer ein kleines Gegengeschenk gebastelt, einen Schutzengel aus Notenblättern und Pfeifenputzern, mit gemalten Augen und glücklichem Lächeln.

Am Abend dieses 23. Dezember rief Franziska ihre Mitsekretärinnen an. Alle berichteten ihr, dass Herr Hofinger auch bei ihnen nicht gewesen sei.

Am nächsten Vormittag, dem Morgen des Heiligen Abends, trafen sich insgesamt neun Damen, alle aktuelle oder ehemalige Sekretärinnen des Gymnasiums, vor dem Haus von Herrn Hofinger. Jede mit einer selbstgebastelten oder selbstgebackenen Kleinigkeit in der Hand. Franziska hatte die Idee gehabt und jetzt gingen die neun gemeinsam zum ersten Mal Herrn Hofingers Einfahrt entlang zu seiner Haustür. Ihnen wurde bewusst, dass sie über den Mann, den sie zum Teil bereits seit Jahrzehnten kannten, sehr wenig Persönliches wussten.

Franziska läutete. Es öffnete ein etwa vierzigjähriger Mann mit Down-Syndrom.

»Hallo. Was wollt ihr?«, fragte er.

»Sind wir hier richtig bei Herrn Hofinger? Wir möchten ihn zu Weihnachten besuchen«, antwortete Franziska.

»Papa. Papa ist krank, muss im Bett liegen«, sagte der Mann.

Keine der Damen hatte gewusst, dass Herr Hofinger einen Sohn mit Down-Syndrom hat.

»Wer ist da, Thomas«, fragte eine ältere, gebückte Frau, die gerade aus einer Seitentür herauskam.

»Frauen für Papa«, antwortete Thomas.

Frau Hofinger begrüßte die Damen an der Tür höflich. Man merkte ihr an, wie sehr sie der normale Alltag in ihrem Alter anstrengte.

»Mein Mann ist sehr krank«, meinte sie, »er kann seit Wochen kaum mehr das Bett verlassen«.

Ob sie ihn sehen dürften, fragten die Damen. Sie würde ihren Mann diesbezüglich gerne selbst fragen, sagte Frau Hofinger und verschwand in einer anderen Zimmertür als jener, aus der sie davor gekommen war. Thomas blieb in der Zwischenzeit an der Tür stehen und blickte den Besucherinnen neugierig in die Augen. Woher sie Papa kannten, wollte er wissen. Sie seien seine Sekretärinnen gewesen. Was Sekretärinnen denn so den ganzen Tag machten? Größtenteils würden sie auf das hören, was Thomas' Papa ihnen sage, meinte Franziska und lächelte. Das mache er nicht, antwortete Thomas, schließlich sei er ja schon erwachsen und wisse selbst, was gut für ihn sei. Die Damen lächelten Thomas zustimmend zu.

»Er will Sie sehr gerne sehen«, sagte Frau Hofinger und blickte die Damen freundlich, aber auch eindringlich an, »aber er bittet es zu entschuldigen, dass er sich nicht extra frisch machen konnte und mit einem alten Schlafanzug im Bett liegt«.

Franziska und ihre Begleiterinnen gingen unsicher den Gang zur Schlafzimmertür entlang. Jede von ihnen hatte ein sehr ungutes Gefühl im Magen. Hätten sie ihre Geschenke einfach bei Thomas für seinen Papa abgeben sollen? Naja, zu spät, jetzt würden sie es schon gemeinsam schaffen.

Frau Hofinger öffnete ihnen die Schlafzimmertür und bat sie einzutreten. Der Raum war spärlich beleuchtet und es roch nach, ja, es roch nach alten Menschen. Nach alter Kleidung, altem Schweiß, alter Luft, altem Rasierwasser.

Ein abgemagerter, eingefallener Mann in beigegrau gestreiftem Schlafanzug lag auf der rechten Seite des Doppelbetts. Drei Kissen stützten seinen Oberkörper, sodass er einigermaßen aufrecht zu ihnen blicken konnte. Herr Hofinger, war das wirklich Herr Hofinger?

Franziska wollte ihn nie so sehen.

Oder doch? Doch, sie wollte ihn so sehen. Wenn sie ehrlich war, wollte sie ihn schon immer so sehen. Nicht alt und gebrechlich, nein, sie meinte damit, ihn endlich privat zu sehen.

Den Mann, den sie seit Jahrzehnten bewunderte auch endlich persönlicher kennenzulernen, erkennen, dass er ein normaler Mensch mit normalem Leben und normalen Problemen war. Der Körper von Herrn Hofinger konnte seinen Alltag nicht mehr bewältigen, ja. Aber die wachen Augen, der klare Verstand und die bewundernswerte Aura, die war selbst in diesem nach dem Alter riechenden Raum zu greifen. Vielleicht sogar stärker und bewusster als jemals zuvor.

»Frohe Weihnachten, lieber Herr Hofinger«, sagte Franziska.

»Frohe Weihnachten, lieber Herr Hofinger«, sagten die anderen Sekretärinnen und alle legten ihre kleinen Präsente auf ein Tischchen, das unter dem Fenster stand.

»Frohe Weihnachten, meine lieben Damen, herzlichen Dank für Ihren Besuch«, sagte Herr Hofinger mit schwacher Stimme, und eine einsame Träne lief ihm über die Wange. »Heuer habe ich es leider nicht geschafft, für Sie zu backen. Aber nächstes Jahr, nächstes Jahr werde ich Sie wieder besuchen. Versprochen!«

Ein herzliches Lächeln huschte über seine Lippen. Alle neun Sekretärinnen lächelten auch ihn herzlich an. Sie verabschiedeten sich. Wie immer dauerte der Weihnachtsbesuch keine zehn Minuten. Knappe zehn Minuten, in denen Franziska und ihre Kolleginnen noch einmal die Aura eines wunderbaren Menschen erleben durften.

Herr Hofinger besuchte Franziska im nächsten Jahr wieder, und im Jahr darauf, und wahrscheinlich noch in ganz vielen Jahren. Er besucht sie in ihren Erinnerungen, in ihren Gedanken, in ihrer Dankbarkeit, und das, solange sie lebt. Herr Hofinger hat sein Versprechen gehalten.

15

Handy aus! Herzen auf!
(Familie an!)

WhatsApp Weihnachts-Chat

Weihnachtsgrüße am 24.12. 🎄🦌

Du, Bine, Ida, Lorenz, Max, Mechthild, Michael, Patrick, Susi, Tanja, Toni

Toni hat die Gruppe „Weihnachtsgrüße am 24.12." erstellt

24. Dezember

Toni
Hey Leute, wollte noch ein fröhliches Weihnachten an alle durchschicken, bevor die „staade Zeit" anfängt! 17:47

Max
👍 17:48

Patrick
✌️👌🥳 17:49

Tanja
Freu, freu, freu! Voll nice, diese Gruppe! Bin so nervös vor der Bescherung! Bin voll am Spielen mit den Kidies! 17:50

Tanja
Hab heute nochmal Weihnachtsbäckerei mit den Kleinen gemacht! Mmmhhh, lecker! 😍 17:51

Tanja
Hier habe ich ein paar Bilder unserer Plätzchenkreationen hochgeladen. Schaut's euch an: http://tanja-cloud.cookiebox.de/ 17:53

Mechthild
Wow! Voll gelungen, Tanja! Ich hatte keine Zeit fürs Selberbacken! Zu viel Stress! Arbeit macht mich noch fertig 😥 17:57

Max
WOW, Tanja! 18 Bilder von Plätzchen! Hab ich ja noch nie gesehen! 😜👏😂 17:59

Lorenz hat die Gruppe verlassen

Ida
Was hat Lorenz? 18:02

Michael
Keine ahnung 🤨 keinen bock?! 😫 18:03

Michael hat Lorenz hinzugefügt

Michael
So einfach kommst du hier nicht raus, lorenz 😜 18:04

Bine
Sorry, leute, bin voll if stress, muss ends viel lochen 18:05

Max
Geil, lochen 😂😂😂 mit Locher oder mit Ben? 😂😂😂😂 18:06

Bine
Sehr witzig max, l war natürlich k 😡 und f natürlich m 18:07

Tanja
Hab heute Mittag auch gekocht! Voll traditionell, Bratwurst mit Sauerkraut! 😎 18:08

Tanja
Hier habe ich ein paar Bilder davon hochgeladen. Schaut's euch an:
http://tanja-cloud.bratwurstbox.de/ 18:09

Mechthild
Wow! Wie früher bei Mama! Voll old school! 🙂 18:14

Max
WOW, Tanja! 19 Bilder von Bratwürsten, Sauerkraut und Brot! Ganz großes Kino! 😜👏😂 18:16

Tanja
Sehr witzig, Max. Bei dir hat's wahrscheinlich Tiefkühlpizza gegeben! 😤 18:17

Max
Stimmt! Warte, ich schick gleich mal 20 Bilder davon! 😜😂 18:18

Tanja
Sehr witzig! 😤 Unsere Kidies waren übrigens nicht so begeistert von Bratwurst und Sauerkraut 😔 18:19

Tanja
Musste ihnen dann noch Pfannkuchen machen 😏 Könnt ihr hier sehen:
http://tanja-cloud.pfannkuchenbox.de/ 18:20

Max
Wow, voll die tollen 21 Pfannkuchenbilder! Wie genial du die gewickelt hast! 😜👏😂 18:25

Patrick
Die tollsten, die ich jemals gesehen habe 🤭🤣 18:27

Mechthild
MÄNNER 😡 18:28

Tanja
Das ist mir echt zu blöd, Max und Patrick! 😤 Ich spiele jetzt wieder mit den Kidies! 18:29

Lorenz hat die Gruppe verlassen

Patrick
Zeit für ein neues Profilbild in dieser Gruppe 😚 18:31

Patrick hat das Gruppenbild geändert

Max
😩😫 WTF!!! Katze mit Weihnachtsmann-Mütze! Schaut ja noch schlimmer aus als Tanjas Bilder! 18:32

Ida
Also ich find's VOLL NICE 😍 18:33

Michael hat Lorenz hinzugefügt

Michael
So einfach kommst du hier wirklich nicht raus, Lorenz 😘 18:36

Mechthild
Lass Lorenz doch, wenn er was Besseres zu tun hat, als mit seinen Freunden zu Weihnachten zu chatten 😠 18:37

Max
Jetzt wird's aber mal Zeit für die Bescherung, finde ich 18:41

Max hat das Gruppenbild geändert

Max
Da sieht doch das Gruppenbild gleich besser aus ☝️👏💪 Eine weibliche Santa Claus in Hotpants und Bikini! Es lebe die Klimaerwärmung! 🤭😂 18:43

Ida
So ein 💩 18:44

Mechthild
Bei uns kommt das Christkind, nicht so eine komische Rotzipfelfrau 😡🤬 18:45

Max
Chill! War doch nur a Witz! 😁 8:46

Bine
Sirry, muss etz drinhend kochen 👨‍🍳 18:49

Max
Cool 😎 Schon fertig mit lochen?!? 😱😁 18:50

Tanja
Hab gerade Tisch gedeckt! Vorfreude steigt! 18:51

Tanja
Hier meine Tischdeko mit Engelsfiguren und Christmasfeeling:
http://tanja-cloud.dekobox.de/ 18:53

Mechthild
Wow! Voll hübsch, Hübsche! Aber so Engel gibt’s bei mir nicht, zu christlich! Will Offenheit und Toleranz für alle Seiten. 18:58

Max
„Wer für alles offen ist, ist nicht ganz dicht!“ 😁😂
Zitat vom Edmund Stoiber 18:59

Patrick
Geil, Maxi, einfach geil 👏🤭🤣👌 19:00

Lorenz hat die Gruppe verlassen

Michael hat Lorenz hinzugefügt

Michael
Der lorenz versucht's doch tatsächlich immer wieder 😇😉 19:04

Patrick
Hab grad den Braten in die Röhre geschoben 😝
Gestern habe ich das Federvieh noch bei unserem Biobauern herumflattern sehen! So im Ofen gefällt's mir besser! 🤭😂 19:06

Mechthild
Unglaublich geschmacklos, Patrick! 19:07

Patrick
Stimmt nicht! Hab gerade probiert! Die Gans hat sehr wohl SEHR viel Geschmack 🤭😂 19:09

Mechthild
Wenn du meinst … Ich hab heuer mein erstes veganes Raclette vorbereitet, ich freu mich drauf 😀
Da musste kein Tier zur Befriedigung der menschlichen Mord-Lust dafür leiden! 19:11

Max
Stell ich mir lecker vor, so ein Raclette ohne 🍗🍤 und 🧀 🙈🙊🥵😫 19:13

Patrick
Oh ja, ich wollte schon immer mal 🍅🍆🍓🍉🍊🍎 in meinem Pfännchen 🤣 19:14

Mechthild
Ihr seid so intolerant und eingefahren und engstirnig und kleingeistig 😥 19:15

Max
Gibt es dann 🍅🍆🍓🍉🍊🍎 auch in blutig oder medium?!? 😂 19:16

Patrick
Gute Frage! 😂 Ich hoffe mal, die 🍅🍆🍓🍉🍊🍎 sind aus glücklicher, biologischer, fairer, keuscher Freilandhaltung 🙈 🙊😂😂 19:17

Max
Und ich hoffe, sie mussten nicht leiden, bevor ihnen der Stiel und die Kerne entfernt wurden 😂😂😂😂😂 19:18

Mechthild hat die Gruppe verlassen

Lorenz
Kann ich jetzt auch endlich rausgehen aus diesem 💩 hier?!? 🙄 19:21

Lorenz hat die Gruppe verlassen

Michael hat Lorenz hinzugefügt

Michael
Du nicht 😉 19:24

Max
Genau! Du bist uns wichtig 🤭 19:26

Patrick
Geil, heute Abend alle triple feature von „Stirb langsam" – Bruce Willis #bestermannever, Leute! 🤠💪 19:29

Toni
GENIAL! Bruce Willis ist der Beste!!! Ich liebe „Yippie-ya-yay, Schweinebacke!" 😎😊 19:30

Max
👏 Endsgeil, Bruce!!! 👌 19:31

Michael
Noch ein legendäres zitat von bruce: „ein einziges mal möchte ich normal weihnachten feiern. eierpunsch, nen weihnachtsbaum, nen knusprigen truthahn." Das möchte ich auch mal 😁😂 19:32

Tanja
Unsre Kidies sind schon ganz aufgeregt! Krieg kaum ne ruhige Sekunde hier! 19:37

Tanja
Hab noch schnell ein paar schöne Bilder für euch gemacht – bei uns leuchtet's so stimmungsvoll!
So soll Weihnachten sein!!! 19:38

Tanja
Ihr könnt alle Bilder in meinem Status sehen.
Oder einfach gleich runterladen:
http://tanja-cloud.staadebox.de/ 19:40

Max
👍😊 Voll schöne 28 Bilder! Da kommt man ja richtig in Weihnachtsstimmung! 👏😂 19:44

Michael
Echt gemütlich! toll!
SOOOOO WEIHNACHTLICH!!! 😀 19:45

Tanja
Danke, Jungs, voll lieb von euch 😍 Wir sind auch schon voll im Weihnachtsfieber hier! 19:46

Ida
Voll Weihnachten bei euch, Tanja, echt was fürs ❤️!!!
Endlich ✨🎅🎄 19:48

Tanja
Lieben Dank, Ida, berührt mein ❤️ !!! 💑 19:49

Patrick
@Tanja Schaut aus bei euch wie ausm „Schöner Wohnen“-Katalog 😚👏😂👏😂 19:50

Bine
Sirry, bin etz ferzig miz kochem, schau mit die bildet morfen an 😬 machen etz bescherzung 19:51

Max
Na dann bescherze mal deine Familie! 👏😂 19:52

Bine
Sry, meinte Bescherung 😤

Toni
Noch kurz: Frohe Weihnachten euch allen! 19:59

HEUTE

Susi
Sorry, Leute, wurde gerade von euren unzähligen WhatsApp Nachrichten überfordert.
Unser Heiliger Abend war wunderschön, hatten den ganzen Tag das Handy aus! Wünsche euch frohe Weihnachten, genießt die staade Zeit in der Familie 👪! Alles Liebe 😊🎄🎁🔔 11:22

Lorenz hat die Gruppe verlassen

DU hast die Wahl

16

Glanz in den Augen bringt Glanz im Herzen.

Marie zog sich ihre ausgetretenen Winterschuhe an. Sie dachte zurück an die unbeschwerten Tage, als sie noch jünger gewesen war. An das viele Lachen und Glücklichsein mit der Familie, mit ihrer Familie.

Mama war seit über zwei Jahren tot. Papa musste immer viel arbeiten. Wenn er daheim war, war er lieb, aber meistens müde. Er suchte sich eine neue Partnerin, die ihm zu Hause den Rücken freihalten sollte. Er fand sie. Auch sie hatte eine Tochter, die ihr ein und alles war. Nun wohnten sie zusammen als neue Wohngemeinschaft, nicht als Familie.

Marie wurde von ihrer Stiefmama nicht schlecht behandelt, denn sie wurde nicht von ihr beachtet. Der Schwiegermama war es egal, welche Kleider oder Schuhe Marie trug, sie war einfach nur froh, wenn dieses Kind ihr nicht noch mehr Arbeit bereitete.

Marie ging in ihren ausgetretenen Winterschuhen und in ihrem vom Wetter mittlerweile ausgebleichten, früher so farbenfrohen Mäntelchen durch ihren verregneten Ort. Was für eine triste Vorweihnachtsstimmung. Übermorgen war Heiliger Abend und keine einzige Schneeflocke hat in den letzten Wochen den Weg zur Erde gefunden. Das Wasser tropfte von Maries Nasenspitze.

»Ist dir kalt, mein Kind? Willst du dich aufwärmen?« Eine alte Frau mit großem Buckel und fettigen grauen Haaren blickte aus ihrer Wohnungstür, als das Mädchen direkt daran vorbeiging.

»Nein, vielen Dank«, antwortete Marie, »ich darf nicht zu Fremden ins Haus«.

»Das verstehe ich«, sagte die alte Frau. »Warte! Ich bringe dir etwas heraus.«

Sie verschwand kurz im Inneren der Wohnung. Marie hatte Zeit, durch die Tür in den Hausflur zu blicken. Eine beige Tapete mit braunen und roten Kreisen darauf klebte an der Wand. Darauf Ölgemälde von Landschaften, Fotografien von Menschen und ein Spiegel. Alles sah alt aus.

»Da bin ich wieder, mein Kind«, lächelte die Alte und streckte ihr eine vergilbte Kerze entgegen.

»Ist die für mich?«

»Oh ja, die schenke ich dir. Zünde sie heute Abend in deinem dunklen Zimmer an und schau in das Licht der Flamme! Lebe wohl.«

Marie konnte sich gerade noch für das seltsame Geschenk bedanken und sich verabschieden, als die alte Frau mit einem freundlichen Gesicht die Türe wieder schloss.

Abends saß Marie alleine auf ihrem Bett. Sie nahm die Kerze aus der Tasche und stellte sie auf ihr Nachtkästchen. Dann schaltete sie das Licht aus und zündete die Kerze an.

Die kleine Flamme erfüllte den ganzen Raum mit Licht. Sie wurde heller und heller. Der Raum schien auch deutlich wärmer zu werden.

Marie blickte, wie die Alte ihr gesagt hatte, direkt in das Kerzenlicht. Zunächst war sie unsicher. Doch dann sah Marie es.

Sie sah ihre Mama in einem weißen Kleid mit gelben Ornamenten barfuß auf einer blühenden Frühlingswiese stehen. Mama blickte sie aus leuchtenden Augen heraus an und lachte und lachte, sie strahlte wie eine Sonne, die am Morgen glänzend die Nacht vertreibt. Da kam ihr Papa und nahm ihre Mama an den Händen und beide tanzten barfuß über die Wiese. Sie schienen zu schweben.

Nun sah Marie sich selbst in einem sonnengelben Kleidchen zu ihren Eltern hinlaufen. Ihre blonden Haare wehten im Wind, ihre Augen strahlten. Marie sprang in die weit geöffneten Arme ihrer Eltern. Gemeinsam drehten sie sich. Sie lachten. Sie drückten, sie herzten sich. Sie waren glücklich. Marie war glücklich.

Marie spürte, wie dieses Glück sie ganz und gar umschloss. Wie eine dicke, warme Kuscheldecke, die nicht nur von außen, sondern auch von innen wärmt. Das Glück eroberte jede Zelle ihres Körpers. Und schließlich erfüllte es auch ihr Herz.

Dort schloss Marie das Glück ganz fest ein. So fest, dass es nicht mehr herauskönnte. Gut versteckt vor allen anderen. Nur für sie.

Plötzlich wurde ihre Zimmertür aufgerissen. Die Stiefmutter blickte herein.

»Bist du verrückt, Marie?«, schimpfte sie. »Du kannst doch nicht einfach alleine bei dir im Zimmer eine Kerze anzünden. Was ist, wenn du einschläfst und irgendetwas Feuer fängt?«

»Aber das hat mir doch die alte Frau so gesagt. Und die Kerze …, und die Bilder …, es war so wunderschön!«

»Eine alte Frau?!? Ich verbiete dir, dass du die jemals wiedersiehst, wer das auch immer war. Verstanden?!?«

Marie nickte nur und blickte ihrer Stiefmutter nach, als diese wütend die Tür hinter sich zuschlug.

Marie wusste, was sie gesehen hatte. Und sie wusste, irgendwann würde sie die alte Frau nochmal besuchen. Aber für den Moment war das Geschenk, das die Alte ihr beschert hatte, das wunderbarste Weihnachtsgeschenk, das Marie jemals erhalten hatte. Dieses Glück würde sie nie wieder aus ihrem Herzen lassen.

Sternlein schön

Sternlein, Sternlein schön,
leuchtest bis zum Untergeh'n
Denkst nicht an dich
Erhellst auch mich

Jesukindlein, Kindlein warm
Machst so reich und bist doch arm
Erfüllst die Welt
Dein Glanz, der hält

Weihnacht, Weihnacht wunderbar
Hüllst uns in Decken sonderbar
Beschenkst uns reich
Behütest weich

17

Rede nicht immer von Weihnachten! Lebe es!

Der Familienadventsabend

Papa sitzt gemütlich im Wohnzimmer. Im Schwedenofen knistert ein wohliges Feuer. Das Licht ist gedimmt. Er schaut verträumt in den Fernseher, in dem gerade die »Rosenheim Cops« auf Verbrecherjagd gehen und bei einer wilden Verfolgungsjagd sogar den einen oder anderen Schuss abgeben. Ein Polizist wird getroffen. Nur ein Streifschuss, er wird es überleben. Es herrscht eine herrliche adventliche Ruhe.
Plötzlich wird die Tür aufgerissen.
Mama: Na dann, alle Mann reinkommen, so wie's ausgemacht war.
Kind 1, das jüngere, springt fröhlich an Mama vorbei durch die Tür.
Mama: Herrschaftszeiten, jetzt komm endlich!
Kind 2, das ältere, schleppt sich mit letzter Kraft in den Raum und ist voll genervt. Mama schließt hinter den beiden die Tür und blickt erwartungsvoll auf Papa.
Mama: So, Papa, jetzt sind wir da!
Papa: Schön für euch.
Kind 2: Nein, schön für EUCH!
Kind 1: Häh, kapier ich nicht!
Mama: Schön für UNS!
Papa: Also, wenn's schon da seid's, hockt's euch her! Der Krimi wird gerade so richtig spannend.
Kind 2: Hocken hätte ich in meinem Zimmer auch können.
Mama: Jetzt mach mal den Fernseher aus, Papi, heute ist schließlich unser alljährlicher Familienadventsabend.
Papa und Kind 2 stöhnen laut.

Papa: Echt, Schatzi, ist der heute? Bist du da sicher? Haben wir den nicht erst vor Kurzem gemacht?
Mama: Ja, vor KURZEM – nämlich genau vor einem Jahr!
Papa: Wahnsinn, wie die Zeit vergeht. Mir kommt's vor, als wär's erst gestern gewesen.
Kind 2: Mir auch!
Papa: Mir erst recht!
Kind 1: Wegen mir könnte das jeden Tag sein!
Papa: Bist DU sicher mein Kind?!?
Kind 2: Wenn wir uns so gut an den letzten Familienadventsabend erinnern, dann müssen wir ihn ja heute gar nicht machen!
Papa: Stimmt!
Mama: Netter Versuch! Aber heute ist Familienadventsabend! Das hatten wir besprochen.
Kind 1: Juhu!
Papa: Mit mir hast du das nie besprochen.
Kind 2: Mit mir wird eh nie was besprochen.
Mama: Nicht motzen, singen! Wünscht euch ein Lied!
Kind 1: Wir sagen euch an, den lieben Advent.
Mama: Sehr schöne Idee.
Kind 2 *(nachäffend):* Sehr schöne Idee! Phhh! Aber wenn wir das schon singen, dann mit meinem Text: Wir sagen euch an den lieben Advent, sehet die alte Oma pennt.
Papa *(lacht laut):* Oder: Wir sagen euch an den lieben Advent, sehet wie gut die Alte brennt.
Mama: Also, jetzt reicht's! Du bist ja ein tolles Vorbild!
Kind 2 *(lacht noch lauter):* Warte, ich hab auch noch eine: Wir sagen euch an den lieben Advent, sehet wie

schnell der Pfarrer rennt – wenn sein Gewand heut Feuer fängt.

Papa und Kind 2 lachen sich kaputt.

Kind 1 schnieft traurig.

Mama: Ihr werdet jetzt doch mal ernsthaft dieses wunderschöne Adventslied singen können.

Papa: Ja, können könnten wir schon, aber wollen tun wir nicht mögen.

Kind 1: Bitte, Papa!

Kind 2 *(äfft ihn grinsend nach):* Bitte, Papa! Sonst weine ich!

Kind 1: Du bist blöd!

Kind 2: Tststs, fluchen in der Adventszeit! Da bringt das Christkind dir aber keine Geschenke!

Kind 1: Mami, stimmt das?

Mama: Nein, das stimmt nicht! Du warst ja immer brav!

Kind 2: Aber er hat mich beleidigt!

Papa: Unglaublich, dass der das gemacht hat.

Mama: Also, so eine schlimme Beleidigung war das jetzt auch nicht!

Papa: Hä?!? Wie Beleidigung? Die haben nur gerade den Mörder geschnappt! Ich hätte nie gedacht, dass der das war!

Mama: Jetzt schalt endlich den Fernseher aus.

Papa: Wenn ihr eh ständig redet, kann ich doch in der Zeit noch glotzen.

Kind 1: Ich zünde schon mal den Adventskranz an.

Kind 2: Es wäre sinnvoller, wenn du nur eine Kerze anzünden würdest, nicht den ganzen Adventskranz.

Kind 2: Wenn der Papa noch glotzen darf, dann kann ja ich in der Zeit noch im Zimmer Computer spielen.

Mama: Mir haut's gleich den Schalter raus!

Papa: Das muss jetzt auch nicht sein! Leichter schalte ich um!
Mama: AUS!
Papa: Was aus?!?
Mama: Schalt AUS! Nicht UM!
Kind 1: Äh, ups!
Kind 2: Äh, was?
Mama: Was ist passiert, Schatzi?
Kind 1: Mir ist das brennende Zündholz runtergefallen.
Papa: WAS?!? Wo?!?
Kind 1: Da! Aber es brennt jetzt nicht mehr.
Papa: Aber es hat einen schwarzen Fleck in unseren Teppich gemacht! Mann, Mann, Mann!
Kind 2: Haha, und da sagst du zu mir, dass ICH blöd bin!
Kind 1 heult.
Mama: Ich hole vorsichtshalber mal ein bisschen Wasser zum Drüberschütten, nicht dass da noch Glut drin ist.
Papa: Ach Schmarrn, da brennt nichts mehr.
Mama: Sicher ist sicher!
Papa: Sicher ist, dass du ewig brauchst, bis du endlich mit der Familienadventsfeier anfängst.
Kind 2: Das ist echt voll lahm, Mama!
Kind 1 heult laut auf.
Kind 2: Was ist denn jetzt schon wieder?
Kind 1: Ich hab mich am Adventskranz gestochen.
Papa: Oh, du Tollpatsch!
Mama: Red unser Kind nicht so an!
Papa: Ich möchte nur festhalten, dass ich gar nicht reden, sondern Fernsehschauen wollte.

Kind 2: Und ich Computerspielen!
Kind 1: Und ich singen.
Kind 2: Aber du heulst doch nur!
Mama: Und ich wollte einen schönen Adventsabend mit euch.
Papa: Heißt das, du willst jetzt nicht mehr?
Mama: Genau das heißt's!
Kind 1 heult wieder los.
Papa: Gute Idee, Mausi! Lass uns das doch beim nächsten Mal einfach ein bisschen früher und besser planen.
Kind 2: Genau, heute in 365 Tagen, das wäre ein idealer Termin.
Kind 1: Aber da bin ich ja schon fast erwachsen.
Papa: Man darf so einen Adventsabend nicht überstürzen!
Mama: Da habt ihr recht!
Kind 2: Außerdem hab ich jetzt Hunger.
Papa: Ich auch.
Kind 1: Ich nicht! Ich bin traurig.
Papa: Schau, Mausi, dann machen wir den Adventsabend nächstes Jahr ganz groß und jetzt machen wir erst mal Brotzeit. Richtest du schon mal her? Bis du fertig bist, ist der Krimi auch aus.
Mama: Geht leider nicht.
Papa: Was geht nicht?
Mama: Ich kann keine Brotzeit herrichten.
Kind 2: Hä?!?
Mama: Sowas darf man nämlich nicht überstürzen. So eine Brotzeit muss man gut planen. Aber in 365 Tagen, das verspreche ich euch, da wird eine Brotzeit da sein, vom Allerfeinsten!

18

Wer den Sinn von
Weihnachten nicht versteht,
hat noch nie mit einem Kind
auf dem Arm einen
leuchtenden Christbaum
betrachtet.

Weihnachtsmarkt mit den alten Freunden

Endlich mal wieder einen Weihnachtsmarktausflug so wie früher. Was waren das nicht für Abende mit unseren Freunden, als wir stundenlang einfach am Feuerzangenbowle-Stand verwurzelt waren und der 500-Liter-Messing-Topf des Standbetreibers fast im Alleingang von uns geleert wurde. Unsere Bewegung in diesen Stunden beschränkte sich auf ein Minimum. Maximal ein Mal ein Gang zum Klo, maximal ein Mal ein Gang zur Essensbude und maximal vier Mal der Gang zum Spirituosenstand. Ja, was wir geleistet hatten, war fast schon übermenschlich, es erforderte höchste Disziplin und Körperbeherrschung. Aber wir hatten es im Kreuz. Also »im Kreuz haben« im übertragenen Sinne, nicht im wörtlichen, denn dass man es tatsächlich auch »im Kreuz haben« kann im Sinne von echten Schmerzen war uns damals nur aus Legenden von irgendwelchen graumelierten Senioren bekannt.

Heute ist es also so weit. Endlich mal wieder ein Weihnachtsmarktausflug so wie früher. Das haben meine Frau und ich mit unseren Freunden ausgemacht. Zwischen jetzt und dem letzten Mal liegen geschätzte sieben Jahre, sechs Hochzeiten und 13 Kinder; was umgerechnet in etwa 151 Lichtjahren entspricht. Nur bei zwei unserer Freundinnen scheint die Zeit still zu stehen, die sind heute wie damals – gewollte und überzeugte – Singles.

Somit treffen wir uns um Punkt 16.30 Uhr am Parkplatz, um dann gemeinsam auf dem Weihnachtsmarkt einzumarschieren. Nach rund 67 Sorry- und Verschiebungsnachrichten auf dem Handy sind um 16.53 Uhr tatsächlich alle da. Jetzt können wir auch beginnen mit …, ja mit …

… mit »Papi, ich muss bieseln.«

… mit »Ach, wenn ihr noch aufs Klo geht, dann wickeln wir noch schnell.«

… mit »Kommt, lasst uns doch gleich hier ein Gruppenbild machen.«

… mit »Oh, jetzt haben wir Feuchttücher vergessen, könntet ihr uns welche aus dem Auto holen?«

… mit den beiden Singles, die sagen: »Boah, das ist viel zu anstrengend hier. Wir treffen uns an der Feuerzangenbowle.«

… mit »Ich muss diese Windelbombe noch schnell in den Status stellen mit #WindelvollLaunetoll.«

Und wenn das alles erledigt ist, dann zum Abschluss natürlich noch …
… mit »Papi, ich muss nochmal bieseln.«

Unglaublich aber wahr, um 17.27 Uhr setzt sich die Karawane in Bewegung in Richtung Heiligem Feuerzangenbowle-Gral. Als wir an unserem ehemaligen Stammplatz ankommen, müssen wir zunächst einmal feststellen, dass sich dort irgendwelche milchgesichtigen Jungspunde und Jungspundinnen breitgemacht haben. Nicht zu fassen, kaum ist man ein paar Jahre nicht da, wird einem alles genommen.

Nachdem wir in unserer mittlerweile mehrjährigen Elternschaft ganz viel Ruhe und Ausgeglichenheit gelernt haben, geben wir genügsam nach und drängen uns in eine windige Seitenecke zwischen Tanne und Mülltonne und schlagen dort unsere neue Basis auf. Hier treffen wir auch auf unsere beiden Single-Damen, die vorgegangen waren.

»Schau mal, Lennart, da ist die Tante Hanni ja wieder«, sagt eine unserer Mütter zu ihrem Kind und zeigt in Richtung der Single-Freundinnen.

»Wenn ich deine Tante wäre, Lennart«, antwortet diese, »würde ich dir eine Dauerbinde unter deine Nase binden, damit deine Rotzglocke nicht immer in deinen Mund sifft«.

Man erkennt, dass die eher untantige Single-Tante Hanni vor allem auf Grund ihrer Abneigung gegenüber Kindern Single ist. Lennart hat diese Reflexionsmöglichkeit noch nicht und reagiert eher unreflektiert, indem er lauthals losheult.

Natürlich war das etwas zu wenig verklausuliert von Hanni formuliert, jedoch muss man ihr zugutehalten, dass sie im Kern durchaus recht hat. Denn so gern man die anderen Eltern auch mag – wenn ein fremdes Kind mit Rotzglocke auf einen zuläuft, muss man sich schon überlegen, ob man sich nicht selbst vorsorglich zur Kontaminationsprophylaxe in freiwillige Quarantäne begeben und davonlaufen möchte.

Das traut sich aber niemand laut zu sagen. Oder haben Sie schon einmal gehört, dass irgendjemand einem befreundeten Ehepaar erklärt hat: »Hey, ich mag euch, aber euer Kind ist ein sabberndes, Rotzglocken und Stinkbomben abwerfendes Monster. Ach ja, und übrigens, Lennart ist ein Kotzname.«

Ich denke, das ist doch eher unüblich im normalen zwischenmenschlichen Miteinander unter Freunden, obwohl es durchaus des Öfteren gedacht wird.

Nach dem etwas holprigen Start gehe ich mit zwei Kumpels zum Feuerzangenbowle holen und stelle kurz danach die 14 wunderbar duftenden und herrlich dampfenden Gebräue auf unseren neuen Basistisch. Endlich ist alles wieder so wie früher. Jetzt wird gekippt. Das habe ich zumindest gedacht, bevor ich Folgendes von verschiedenen Seiten höre:

- »Oh, ich stille.«
- »Ich trinke keinen Alkohol mehr.«
- »Ich trinke keinen Alkohol im Moment, weil da zu viele Kalorien drin sind.«
- »Da ist doch sicher was Tierisches drin, oder? Ich lebe vegan!«
- »Lennart muss aufs Klo.« – »Putz ihm dort doch gleich die Nase!« – »Lennart entscheidet selbst, wann er seine Nase putzen möchte.«
- »Kein Alkohol vor den Kindern. Wir sind doch Vorbilder!«
- »Boah, nee, Alkohol, puh, da wird's mir immer so schwummerig.«

Mal unter uns, natürlich wird es mir vom Alkohol schwummerig, deswegen macht das Ganze ja überhaupt erst Sinn, oder? Wer genau mitgezählt hat, erkennt, dass es sieben unqualifizierte Wortmeldungen waren. SIEBEN! Sechs Mütter und EIN Mann. Ich verrate nicht, welcher Satz von dem ist. Aber ich verrate, dass der bei uns anderen fünf unten durch ist.

Zumindest die nächsten drei Minuten, das ist die maximale Beleidigtseinspanne unter Männern, danach ist's schon wieder vergessen.

Gerade machen wir fünf Männer und die beiden Single-Damen – sozusagen der 5+2 »Inner Circle« – uns an die nächsten sieben Becher Feuerzangenbowle. Die ersten sieben Becher haben wir auf Grund der vorher beschriebenen Ausnahmesituation innerhalb von 3 Minuten und 27 Sekunden leeren müssen, sonst wären die zweiten sieben Becher zu kalt geworden, was natürlich schade gewesen wäre, da die echt teuer waren und extrem gut schmecken. Also, gerade machen wir uns an die zweite Runde des köstlichen Gebräus, da geht es wiederum von allen Seiten los:

- »Habt ihr Ben gesehen?« – »Wer ist Ben?« – »Ben! Unser kleiner Pupsibär!«
- »Unsere Feuchttücher sind aus. Kannst du bitte nochmal am Auto neue holen?«
- »Lennart muss schon wieder aufs Klo.« – »Aber der war doch gerade erst.« – »Lennart entscheidet selbst, wie oft und wann er aufs Klo möchte.« – »Könnte Lennart auch entscheiden, sich endlich die Nase zu putzen?« – »Lennart entscheidet selbst, ob er entscheiden möchte, sich die …« – »Ja, ja, ist schon recht. Vielleicht hilft es Lennart in seiner eigenen Entscheidung, wenn du ihm sagst: Sollte er sich gegen das Naseputzen entscheiden, werde ich ihn und seine ekelhafte Rotzglocke bei seiner Rückkehr mit dem Kopf voraus in den Feuerzangenbowletopf stecken.« – »Lennart entscheidet sich gegen Gewalt.«

- »Mir ist es so kalt. Ich hätte vielleicht doch die dickere Jacke anziehen sollen.« – »Ja, hättest du.« – »Weiß ich selbst.« – »Ich hab's aber schon vorher gewusst.« – »Da hat's aber noch nicht zur Situation gepasst.«
- »Wo kann ich denn hier in Ruhe stillen?«
- »Sarah-Sofie wird müde.« – »Wer ist Sarah-Sofie?« – »Sarah-Sofie! Unsere kleine Wuschpuschiprinzessin!«
- »Lennart muss ...« – »Lennart soll die Schnauze halten!«
- »Moritz hat Hunger!«

Letzteres war meine Frau. Mein Sohn besticht somit mit einem für uns Männer durchaus nachvollziehbaren Ansatz, da macht er mich fast ein bisschen stolz. Aus diesem Grund prosten wir uns im 5+2 »Inner Circle« nochmals mit der zweiten Becherrunde zu. Im Anschluss verabschieden wir uns alle 14 voneinander mit herzlichem Drücken und dem hoffnungsvollen Ansinnen, auf eine Wiederholung eines derartig wunderbaren gemeinsamen Weihnachtsmarktbesuchs nicht wieder sieben Jahre warten zu müssen.

Danach verteilen wir uns glücklich in die verschiedenen Weihnachtsmarkthimmelsrichtungen. Die beiden Single-Damen hingegen holen sich die nächste Runde Feuerzangenbowle und nette Gespräche mit den milchgesichtigen Jungspunden, die uns unseren früheren Stammplatz weggenommen haben. Und Lennart ist auf dem Klo.

Einfach schön, wie befreiend so ein Weihnachtsmarkt-Revival nach sieben Jahren doch sein kann.

(Unter uns, das hört sich zwar alles ganz schön kompliziert an, wie so ein Weihnachtsmarktbesuch gerade abläuft, aber ich möchte es keine Sekunde anders als genau so!)

19

Auf die kleinen Dinge zu achten, heißt, den Blick für die großen geschenkt zu bekommen.

Der Sessel

Es war Heiliger Abend. Der Christbaum war bereits am Vormittag von der Familie aufgestellt und dekoriert worden und alle Weihnachtslichter waren vorbereitet. Auch die Krippe war auf ihrem erhöhten Platz im Wohnzimmer auf der Altholzkommode perfekt hergerichtet.

Nun war der frühe Nachmittag angebrochen. In der Küche schnitten gerade Sabine und Peter Sandner Käse, Fleisch und Gemüse für das abendliche Raclette. Valentin, der kleine fast Dreijährige, stakste zwischen ihnen herum. Abwechselnd setzte er sich dabei mit dem Ausruf »Klotz am Bein!« auf die Füße seiner Eltern und ließ sich lachend durch die Küche tragen. Pia, die große Vierjährige hingegen, bereitete sich konzentriert mit Singen und Malen und Weihnachtshörspiel hören in ihrem Zimmer auf den wunderbarsten Abend des Jahres vor.

Plötzlich hörte Peter ein langgezogenes Schiebegeräusch aus dem Wohnzimmer, das kurz aussetzte und danach wieder einsetzte, um dann ganz zu verstummen. Neugierig ging er hinüber und warf einen flüchtigen Blick in den Raum. Doch ihm fiel nichts Besonderes auf. Es war auch keiner darin. Leicht irritiert ging er zurück.

»War das Pia?«, fragte Mama Sabine.

»Hatte ich gedacht«, antwortete Peter, »aber im Wohnzimmer war nichts und ihre Weihnachtsmusik im Zimmer läuft ganz normal«.

Valentin hatte sich in der Zwischenzeit sein Kindermesser geholt und versuchte, damit Tomaten zu schneiden. Allerdings war es auf Grund der stumpfen Klinge eher ein Zerdrücken und damit eine Art Ketchup-Produktion. Auch saß er dabei auf dem Boden, wodurch sich dieser teilweise in eine rote Rutschbahn verwandelte.

Es war etwa eine Viertelstunde vergangen, da hörten Sabine und Peter das Schiebegeräusch erneut. Wieder mit einer kurzen Unterbrechung, um danach nochmal einzusetzen.

»Das ist ja seltsam«, meinte Sabine, »ist Pia da wirklich nicht drüben?«

»Nein, wirklich nicht«, antwortete Peter, »aber schau doch selbst nach!«

Sabine tat das und ging hinüber. Doch auch sie entdeckte nichts Außergewöhnliches. Aber sie wollte der Sache etwas genauer auf den Grund gehen und stieg die Treppen in den ersten Stock zu Pias Zimmer hinauf.

»Pia«, fragte Sabine ihre Tochter, die gemütlich auf ihrem Kuschelteppich in der Mitte ihres Zimmers saß und lauthals bei den Weihnachtsliedern aus dem Lautsprecher mitsang, »ist bei dir alles ok? Da war gerade so ein komisches Geräusch.«

»Alles super, Mami«, antwortete das Mädchen, »ich habe nichts gehört«.

Ebenfalls irritiert kehrte Sabine in die Küche zurück. Sofort erkannte sie, dass es ein Fehler gewesen war, die Küche für nicht mal fünf Minuten zu verlassen. Denn der Mann verteilte gerade mit einer Art Putzlappen den von Valentin produzierten Ketchup großflächig auf dem Boden. Valentin war in der Zwischenzeit auf die Arbeitsplatte geklettert, hat sich hier großzügig am bereits geschnittenen Gemüse bedient und die säuberlich nach den Themen Fleisch, Käse, Gemüse etc. geordneten Servierplatten in bunte Picassogemälde verwandelt.

»Oh, ihr Männer«, grinste Sabine und machte sich an die Reorganisation der Servierplatten.

»Was entdeckt?«, wollte Peter wissen.

»Nein, gar nichts! Echt komisch.«

Erneut dauerte es etwa 15 Minuten, bis das Schiebegeräusch wieder zu hören war. Ohne lang zu zögern, stürmte Papa Peter dieses Mal sofort ins Wohnzimmer und kam dort genau in dem Augenblick an, als die Unterbrechung des Geräuschs einsetzte.

Da entdeckte er, woher der Lärm kam. Seine kleine Tochter Pia hatte den Wohnzimmersessel zur Altholzkommode hinübergeschoben und sich auf diesen gestellt. Gerade blickte sie in das Krippenhaus hinein, das ein aus altem Holz gezimmerter Stall eines begnadeten einheimischen knapp 80jährigen Schreiners war.

»Pia, ich hab mir doch gedacht, dass du das warst!«, rief der Papa, »Was machst du denn da?«

»Nur schauen«, antwortete Pia.

»Aber schauen kannst du doch auch von unten«, sagte Peter.

»Aber da kann ich nicht so genau in den Stall reinschauen«, meinte Pia.

»Wieso musst du denn so genau in den Stall reinschauen?«, fragte Papa. Und streng fügte er hinzu: »Außerdem machst du mit dem Hin- und Hergeschiebe doch Kratzer in unseren Parkettboden.«

Eigentlich wollte er am Heiligen Abend nicht schimpfen, aber der letzte Satz ist ihm wohl etwas zu harsch herausgerutscht, sodass die Augen der kleinen Pia glasig wurden.

»Du musst nicht weinen, Pia«, tröstete der Papa sofort, »wir schieben gemeinsam den Sessel zurück und in Zukunft schaust du einfach von unten, ok?«

»Aber, aber«, zögerte das Mädchen, »dann seh ich doch nicht, ob das Christkind schon das Jesukindlein in die Krippe zu Maria und Josef gelegt hat.«

Ihre Eltern hatten Pia nämlich seit Jahren erklärt, dass das Christkind beim Geschenkebringen am Heiligen Abend immer auch das Jesukindlein in die dafür vorgesehene Krippe legt. Da die Krippe auf der Altholzkommode stand, war Pia einfach noch etwas zu klein, um gut in den Stall hineinschauen zu können.

Jetzt wurden die Augen des Papas glasig. »Oh, da hast du recht, mein Spatz!«, lächelte er, hob das Mädchen vom Sessel hoch und drückte es ganz fest an sich. Pia drückte ihn ganz fest zurück.

Und danach suchten Pia und Papa einen perfekten Tritthocker im Keller, der ab sofort immer am Heiligen Abend vor der Altholzkommode der Sandners stehen muss. Denn das Risiko, das Glöckchenklingeln und damit die Ankunft des Christkinds zu verpassen, wollte wirklich keiner eingehen.

20

Lächeln schenken, Freude ernten.

Die Weihnachtsgurke

Die einzig wahre Geschichte, wieso die Amerikaner denken, dass es in Deutschland Tradition sei, sich eine Gurke an den Christbaum zu hängen. Und Erklärungen für so manch andere Sonderbarkeiten.

Wir schreiben das Jahr 1887. Es war eine wunderbare Zeit im Deutschen Kaiserreich, schließlich war Otto von Bismarck Reichskanzler und da konnte man sich darauf verlassen, dass der die Fäden und Bälle im Griff hatte.

Zum Weihnachtsfest desselben Jahres empfing die Familie Leutner Maggie aus Amerika. Maggies Mutter, Großtante Dorothee, war vor 50 Jahren in das gelobte Land Amerika ausgewandert. Maggie beglückte mit ihrem doch eher aufdringlichen, lauten und schrillen Auftreten Deutschland an diesem Weihnachtsfest zum ersten Mal.

Oma Mathilde freute sich riesig, das Weihnachtsfest 1887 mit der Tochter ihrer Schwester Dorothee verbringen zu dürfen, schließlich war Oma damals in Deutschland zurück geblieben, um daheim eine große Familie zu gründen. Anlässlich einer solch besonderen Feier steckte sich Oma Mathilde immer ihren Hirschzahnring an, einen aus 585-karatigem Gold in feinster Weise gestalteten Ring, an dessen Oberseite ein präparierter Hirschzahn prangte.

Als die ganze Familie beim weihnachtlichen Abendmahl saß, redete Maggie ohne Unterlass von ihrem Leben und von ihren Ansichten. Was sie genau sagte, verstand keiner, weil sie nur Englisch reden konnte und lediglich Papa Leutner ein bisschen Englisch verstand, dieser aber vor lauter Festschmaus keine Lust hatte zuzuhören.

Die Leutners aber fühlten sich von dem ständigen, monotonen und zu lauten Redefluss Maggies extrem gestört. Am meisten natürlich Papa Leutner, der einfach nur, wie gewohnt, in Ruhe essen wollte.

Plötzlich hielt Maggie in ihrem schier nicht enden wollenden Redeschwall schlagartig ein und rief: »Oh my God, what's this?«

Sie deutete dabei entsetzt auf den Ring von Oma Mathilde, den sie gerade erst entdeckt hatte. Offensichtlich schien sie wissen zu wollen, was es damit auf sich hatte.

»Das ist ein Zahn des letzten Hirschen, den mein seliger Mann Franz erlegt hat«, meinte Oma Mathilde, die Maggies Frage richtig gedeutet hatte, und lächelte die Amerikanerin dabei an.

Da Maggie kein Wort verstand, bat Oma Mathilde Papa Leutner zu übersetzen. Dies nervte Papa Leutner noch mehr, schließlich war jetzt nicht nur seine Ruhe gestört, sondern er musste auch noch am Weihnachtsabend etwas arbeiten.

Darum dachte er sich: Na wartet, ihr alten Schrullen, euch zeig ich's!, und er kam Omas Bitte mit einer scheinheiligen Bereitwilligkeit nach.

»This is the last tooth of her husband Franz«, erklärte er, was übersetzt so viel bedeutete wie »Das ist der letzte Zahn ihres Ehemanns Franz«. Oma Mathilde bestätigte mit erfreutem Nicken die Worte von Papa Leutner, schließlich war sie ja dankbar, dass er übersetzte.

Maggie riss erschrocken den Mund auf und schüttelte entsetzt den Kopf. Woraufhin Oma noch stärker nickte, breit lächelte und erneut betonte: »Doch, doch, das stimmt wirklich!«

Als sich Maggie immer noch nicht wieder einkriegen konnte, änderte sich Oma Mathildes Gemütslage schlagartig und sie quittierte mit einem abschätzigen »Pazifistin, was?!?«-Ausruf das ungebührliche Verhalten Maggies. Oma wusste, dass diese Maggie hiermit nicht mehr in den inneren Familienkreis der Leutners aufgenommen werden konnte.

Maggie war tatsächlich für mehrere Minuten sprachlos, was den Leutners endlich zu etwas mehr weihnachtlicher Ruhe verhalf und außerdem dazu führte, dass Maggie etwas essen konnte. Sie nahm sich eine heiße Bratwurst aus der Pfanne, schnitt ein Stück davon ab und steckte es sich bedenkenlos in den Mund.

Maggie rief: »Oh my God, it's so hot!« (Übersetzt: Oh, es ist so heiß!)

Mama Leutner, die ihre Kochkünste doch in erheblichem Maße kritisiert sah, wenn jemand am Tisch ihr Essen wieder aus dem Mund herausspuckte (auch wenn es nur Bratwürste waren), wollte von ihrem Mann wissen, was Maggie gesagt habe.

Papa Leutner antwortete: »Sie sagt: Oh mein Gott, was für ein Fraß!«

Mama Leutner war natürlich jetzt noch mehr gekränkt als zuvor. Somit hatte Oma Mathilde eine starke Verbündete in ihrer Abneigung gegenüber Maggie gefunden.

Bevor es dann zur Bescherung kommen sollte, mussten die drei Leutner-Kinder Weihnachtslieder auf der Blockflöte vorspielen, was sie zwar jedes Jahr, aber auch jedes Jahr mit Widerwillen taten.

Maggie zeigte sich dennoch begeistert, lachte lauthals auf und rief: »Oh, that is a really magnificent music.« (Übersetzt: Oh, was für eine großartige Musik.)

Da die Kinder nicht mit einem ernstgemeinten enthusiastischen Kompliment für ihre musikalischen Fähigkeiten gerechnet hatten – sie konnten ihre eigene musikalische Qualität im Gegensatz zu Maggie nämlich sehr gut selbst einschätzen–, wollten sie natürlich von Papa Leutner wissen, warum Maggie so lachte.

Papa Leutner erklärte: »Sie meint: Oh, das ist mal so eine richtig schreckliche Musik.«

Obwohl die Kinder wie gesagt wussten, wie es um die Qualität ihrer Darbietung bestellt war, fanden sie es doch extrem unverschämt, die Bestätigung dafür von einer fremden Frau zu bekommen. Somit war Maggie bei ihnen nun ebenfalls unten durch.

Oma Mathilde, die immer schon für ihren Einfallsreichtum berühmt und berüchtigt war, sah nun ihre Chance gekommen, sich für Maggies vorherige Schmähung des wunderbaren Hirschzahnrings zu rächen. Oma beschloss, Maggie unter falschem Vorwand aus dem Wohnzimmer zu locken. Sie hatte ihr klargemacht, dass nun eine große deutsche Überraschung wartete, was der Vater mit »big german surprise« übersetzte.

Als Maggie draußen war, holten Oma Mathilde, Mama Leutner und die Kinder die zuvor im heimlichen

Vorgespräch ausgemachten Gegenstände. Im Zentrum des Ganzen: ein Glas selbst eingemachter Gurken. Natürlich musste jetzt auch Papa Leutner ins Boot geholt werden, denn er sollte Maggie erklären, was nun auf sie zukam.

Entgegen aller Erwartungen war er bereitwillig dabei, ging zur Amerikanerin hinaus und gab ihr auf Englisch folgende Information: »Die Familie Leutner hat für dich, Maggie, nun einen ur-alten deutschen Brauch vorbereitet, den Brauch der ›Weihnachtsgurke‹. Jedes Jahr wird ein anderes Familienmitglied dazu auserwählt, diesen bedeutendsten Brauch der deutschen Weihnacht ausführen zu dürfen. Da du, Maggie, heuer unser Ehrengast bist, kommt dir diese Ehre zu. Irgendwo am Weihnachtsbaum ist eine Weihnachtsgurke versteckt. Findest du sie, wird dir im nächsten Jahr großes Glück zuteil. Aber Vorsicht, die Suche ist mit Hindernissen versehen, die du überstehen musst!«

Voller Vorfreude spazierte Maggie nun mit Papa Leutner zurück ins Wohnzimmer, wo die drei Leutner-Kinder ihr erklärten, dass nun die Gurken-Suche beginnen könne. Dazu sollte sie den Christbaum genauestens untersuchen, was durchaus aufwendig war, denn die Leutners hatten in diesem Jahr einen großen, ausladenden und dichten Fichtenbaum. Oma Mathilde hatte die Gurke mit einem Nagel an der Spitze durchbohrt und sie danach an einer Wurstschnur in die zweitunterste Astreihe ganz innen am Stamm des Christbaums gehängt.

Maggie machte sich begeistert ans Suchen. Schließlich entdeckte sie das knifflige Versteck und sie wusste sofort, was zu tun war.

Sie stürzte sich auf allen Vieren unter den Baum. Sofort bemerkte sie, dass der Boden unter dem Baum eklig klebte. Papa Leutner erklärte Maggie: »Das Kleben kommt vom Harz des Fichtenbaums! Das tropft immer in Strömen auf den Boden.« Gleichzeitig stieß Mama Leutner heimlich ein leeres Honigglas mit ihrem Fuß unter das Sofa.

Natürlich wusste Maggie, dass sie sich durch nichts von der Erfüllung dieser deutschen Weihnachtstradition abhalten lassen durfte. Deshalb bückte sie sich noch weiter unter den Baum und kroch in Richtung Stamm. Plötzlich rief sie: »Oh my God, it's snowing.« Denn es rieselte eine Unmenge an weißem Pulver auf sie hinunter: in ihre Haare, in ihr Gesicht, in ihr Genick und auch auf ihr Kleid. Papa Leutner erklärte wieder: »Das ist der deutsche Weihnachtskäfer. Der nistet sich in Fichtenbäume ein und bohrt Löcher. Wenn man an die Äste stößt, schaut es so aus, als ob es schneien würde.« Gleichzeitig zerknüllte Oma Mathilde eine leere Papiertüte Mehl und steckte sie in ihre Tasche.

Weiß von oben bis unten war Maggie an der Weihnachtsgurke angelangt. Mit klebrigen Händen wollte sie nach der Gurke greifen, doch sie stach sich dabei an unzähligen Fichtennadeln. Sie rief: »Au, au, au!« Papa Leutner tröstete sie und meinte: »Jede Fichtennadel, die dich sticht, bringt einem Menschen in deinem Umfeld im nächsten Jahr Glück.« Daraufhin rief Maggie glücklich aus »Oh, how wonderful!« und ließ sich erfreut von weiteren Fichtennadeln stechen, denn schließlich wollte sie, dass sie allen ihren Lieben oder am besten allen Menschen Glück brachte.

Bald konnte Maggie endlich die langersehnte Weihnachtsgurke in der Hand halten und sich unter dem Christbaum hervorkämpfen. Strahlend hielt sie mit weißem Gesicht und Fichtennadeln in ihren Bäckchen die Weihnachtsgurke stolz in ihrer klebrigen Hand. Wie einen Siegerpokal streckte sie die Gurke zum Himmel.

Die ganze Familie Leutner applaudierte jubelnd. Papa Leutner erklärte feierlich: »Maggie, die Gurke und die Fichtennadeln werden dir und deinen Liebsten das nächste Jahr großes Glück bescheren. Herzlichen Glückwunsch! Der erste Biss gebührt nun dir!«

Natürlich zögerte Maggie nicht lange und biss überglücklich in die Weihnachtsgurke. Doch schon kurze Zeit darauf hielt sie im Kauen inne und schaute, als ob ihr Kopf kurz vorm Explodieren wäre. Sie schien am liebsten das abgebissene Gurkenstück angeekelt ausspucken und stattdessen einen Liter Wasser trinken zu wollen.

Sofort erklärte Papa Leutner aber: »Schmeckt dir unsere deutsche Gurkenspezialität nicht, Maggie? Das würde uns sehr traurig machen und enttäuschen, schließlich ist die Gurke nach einem uralten deutschen Rezept gewürzt und alle Deutschen essen diese.«

Maggie erkannte somit, wie wichtig es war, die Gurke ganz – bis auf die Schnur natürlich – zu verzehren. Oma Mathilde überlegte kurz, ob der Essig, den sie mit einer kleinen Spritze extra noch ausgiebig ins Innere der Gurke gespritzt hatte, oder das viele Chilisalz, mit dem sie die Gurke extra noch ausgiebig eingerieben hatte, vielleicht nicht ganz Maggies Geschmack getroffen hatten.

Tapfer schluckte Maggie Biss um Biss. Alle Leutners schienen ebenfalls kurz vorm Explodieren zu sein, aber nicht auf Grund des sauren Essigs und Salz, sondern vor Lachen. An diesem Tag wurde im Hause Leutner übrigens auch das Sprichwort »Sauer macht lustig« erfunden, das sich in den Jahrzehnten danach in ganz Deutschland verbreitete.

Maggie aber wurde zur großen Botschafterin des deutschen Weihnachtsbrauchtums in Amerika. Denn als sie nach einigen Wochen mit dem Boot wieder über den großen Teich nach Hause zurückgekehrt war, berichtete sie natürlich begeistert von ihren Christmas-Erlebnissen bei den Leutners. Da Maggie das sehr laut und sehr viel und sehr ausgiebig machte – schließlich konnte sie es nicht für sich behalten, wenn sie schon mal etwas wusste –, hörten immer mehr Menschen von einer sauren Gurke, die das größte Heiligtum des deutschen Weihnachtsfestes ist.

Das Glas eingemachte Gurken, das Maggie von der Familie Leutner als Abschiedsgeschenk überreicht bekam, rührte Maggie übrigens in ihrem ganzen Leben nicht mehr an. Es blieb zu Hause im Regal stehen als Erinnerung an den seltsamen Brauch, den die Deutschen zur Weihnachtszeit praktizieren.

Aus diesem Grund denken heute alle Amerikaner, dass es in Deutschland traditionell Weihnachtsgurken an den Christbäumen gibt. Und jeder Deutsche denkt, dass man den Amis echt alles erzählen kann.

PS: Übrigens, dass die Leutners Maggie vor der Weihnachtsgurkensuche mit einer roten Schlafmütze, einem weißen Bart und einem roten Umhang verkleidet haben und sie mit »Hohoho«-Rufen um den Christbaum hüpfen ließen, kann historisch nicht belegt werden und ist somit wohl nur ein Gerücht. Wenn auch ein sehr hartnäckiges …

21

Stille ist die kleine Schwester der inneren Zufriedenheit.

Das Weihnachtsmärchen von der Sehnsucht

Das kleine Mädchen mit den blonden Zöpfen stand einsam am Fenster, das sie von der dunklen Nacht draußen trennte. Ihre Ellbogen waren auf dem Fenstersims aufgestellt und in ihren Händen lag schwer ihr Kopf.

Nein, am Heiligen Abend war sie noch nie allein gewesen. Aber an vielen anderen Tagen des Jahres gehörte es für sie zur Normalität. Das Mädchen verstand das. Schließlich war sie ja schon alt genug, musste alt genug dafür sein. Ihre Mama war Altenpflegerin. Sie arbeitete zu verschiedensten Zeiten an verschiedensten Tagen. Sie war unglaublich lieb zu den alten Menschen. Und sie war unglaublich lieb zu dem Mädchen. Es zerriss ihrer Mama das Herz, dass sie diesen Abend nicht bei ihrer geliebten Tochter sein konnte. Aber der faire Wechsel im Dienstplan zwischen den Kolleginnen zwang sie heute dazu.

Der Vater? Ja, der Vater, der war schon lange weg. Das Mädchen sah ihn eigentlich so gut wie nie. Ein Fernfahrer mit anderen Interessen, anderer Familie, anderem Leben. Die Großeltern? Im Himmel, leider.

Das kleine Mädchen mit dem geflickten weißen Nachthemd blickte durch das Fenster zu den hell funkelnden Sternen. In der Glasscheibe spiegelte sich die Eule mit den großen, freundlichen Augen, die auf dem Nachthemd des Mädchens aufgedruckt war.

Dem Mädchen war es, als höre es plötzlich von weit her eine Melodie. Weihnachtsklänge, gespielt von irgendeinem Blasinstrument. Klänge des Friedens, der Familie, des Glücks. Wunderbar.

»Flieg!«, hörte sie eine Stimme. »Trau dich!«

Sie schrak auf, blickte sich um. Keine Regung im spärlich beleuchteten Wohnzimmer hinter ihr. Hatte sie geträumt?

»Öffne es!« Erneut die Stimme. Die wunderbaren Klänge von weit her wurden immer deutlicher.

Da bemerkte das Mädchen, dass die Eule in der Fensterscheibe sie aus ihren großen, liebevollen Augen ansah.

»Hast du das gesagt, Eule?«, fragte das Mädchen.

»Trau dich ruhig!«, sagte die Eule, ohne auf die Frage zu antworten.

»Aber ich kann doch nicht fliegen.«

»Trau dich!«, lächelte die Eule.

Mit leicht zitternden Fingern nahm das Mädchen den Griff, öffnete das Fenster, stieg auf den Sims und atmete die kühle, herrliche Nachtluft ein. Die Weihnachtsklänge schienen sie nun zu umgreifen, sie einzuhüllen wie eine wohlig warme weiche Decke.

Das kleine Mädchen trat ins Freie, ins sternenklare Dunkle. Sie stürzte nicht. Sie schwebte. Getragen von den Klängen fühlte sie sich sicher. Sie begann zu fliegen.

Sie flog über die Dächer ihres Ortes. Aus den Kaminen stieg weißer Friedensrauch. Die Gassen waren dunkel. Doch aus den Fenstern der Häuser erstrahlte königlicher Lichterglanz. Eine unendliche Zahl an Düften strömte in ihre Nase, Zimt, Orangen, Weihrauch, Tannen, Moos, Kerzen, Nelken, Braten und noch so vieles, vieles mehr. Der Weihnachtsklang trug das Mädchen weiter. Vorbei an der Kirche, die gespannt dastand und auf die vielen Besucher wartete, die sie später nachts zur Christmette besuchen würden.

Vor einem besonders hell erleuchteten Fenster verharrte das Mädchen und blickte tief hinein. Ein anderes kleines Mädchen und ein kleiner Junge saßen auf dem Schoß ihrer Eltern im Schneidersitz vor dem Christbaum. Auf dem Sofa hinter ihnen lächelten ihre Großeltern sie liebevoll an. Sie sangen. Die glänzenden Geschenke lagen ungeöffnet neben der Krippe unter dem Baum. Die Augen der Menschen funkelten, als wären sie neue, herrlichere Sterne.

Das kleine Mädchen löste sich von diesem warmen Anblick. Sie flog weiter. Weiter zwischen Himmel und Erde, nah an den Sternen, nah an den Menschen. Sie fühlte Weihnachten, die Macht, die Liebe, das Licht, das von diesem Fest ausging. Sie war frei von allen Sorgen, von allem Gewicht des Lebens, frei von allem.

Als ihre Mutter am nächsten Morgen nach Hause kam, entdeckte sie ihre blaugefrorene Tochter zitternd an der Hauswand sitzen. Schnell trug sie das Mädchen in den ersten Stock in ihre Wohnung, wickelte sie in warme Decken, machte ihr einen heißen Tee und eine heiße Wärmflasche, herzte sie, entschuldigte sich so sehr und weinte.

»Alles gut, Mama«, flüsterte das Mädchen, »wirklich!«

Die Tochter sah ihrer Mama fest in ihre tiefliebevollen Augen.

»Ich hatte einen wunderbaren Heiligen Abend, Mama! Und heute ist unser Weihnachten.«

Weihnachtsstille

Hörst du die Stille
Spürst du die Kraft
Packt dich der Wille
Erlöst dich die Last

Siehst du die Stille
Sie kommt schon ums Eck
Trägt dich der Wille
So schick sie nicht weg

Fühlst du die Stille
Erfüllt dich mit Glück
Es ist Gottes Wille
Vom Himmel ein Stück

22

Wärme. Wohlfühlen. Weihnachten.

Die letzte Stunde vor den Weihnachtsferien

Klassenleiter Rammelmeyer geht in seine Klasse zur letzten Stunde vor den Weihnachtsferien. Er hat eine Dose Plätzchen und Liederzettel und viel vorweihnachtliche gute Laune dabei.

So, Kinder, ich freue mich mit euch Weihn … Max, jetzt lass mal den Ben los … Ist mir egal, wer angefangen hat … Nein, das ist nicht ungerecht … Es ist fast Weihnachten, da verzeihen wir …

Jetzt, Kinder, seid mal bitte alle leise und geht auf eure … Ben, musst jetzt du dem Max noch eine reinhau … Ruhe, jetzt … Ich möchte mit euch noch eine schöne Weihnachtsstun … Ben, ich habe gesagt, du sollst auf deinen Platz gehen … Mir egal, ob dich der Max festhält … Nadine und Leni, Klappe zu … Doch, sowas sagt man schon … Nein, ich habe doch überhaupt nicht geschimpft … Nein, ihr müsst da nicht traurig sein, weil wir jetzt Weihnacht … Elias, Herrschaftszeiten, jetzt fängst du auch noch an … Ruhe, Ben und Max, gepetzt wird nicht … Nein, auch nicht, wenn der Elias angefange …

Ich glaub's ja nicht, Evi, nimm sofort das Schminkzeug weg, wir sind im Unterricht … Es ist mir egal, ob du zu Weihnachten hässlich aussiehst … Es ist mir egal, dass es deinem Freund nicht egal ist … Wieso hast du eigentlich jetzt schon einen Freund? …

So, alle auf ihren Platz, ich habe was für Weihnachten mitgebra … Leute, Leute, Leute, so geht das nicht, wenn ihr nicht sofort alle brav und leise seid, dann mach ich normalen Unterricht … Schön, dass dir das egal ist, Tim, aber vielleicht hätten die anderen gerne eine Weihnachtsstunde … Elias, nimm sofort den Finger aus dem Ohr vom Ben … Mir egal, dass Ben angefangen hat … Mir egal, dass dir der Ben eine aufs Genick geklatscht hat … RUHE!!!

Also, geht doch, warum muss ich immer erst laut werden. So, alle aufstehen, wir begrüßen uns … Ich wünsche euch einen wunderschönen Vorweihnachtsmorgen, liebe Klasse … Könnt ihr das mit noch weniger Betonung und Euphorie leiern?!? … Nein, wir probieren es jetzt nicht nochmal aus, Tim …

Wer von euch hat Plätzchen dabei? … Nein, Pausenbrot zählt nicht, Oskar … Mir egal, dass du es mit anderen teile … Max, wie kommst denn du jetzt wieder zum Ben rüber … Leute, könnt ihr euch nicht zumindest in der letzten Stunde vor Weihn … Ruhe, sag ich, sonst mache ich normalen Unterricht, ich warne euch … Nein, Elena, ich lasse nicht abstimmen, ob wir eine Weihnachtsstunde oder normalen Unterricht machen … Mir ist es egal, wenn die Mehrheit keine Weihnachtsstunde machen will, ich bin hier der Chef … Nein, das ist nicht unfair, Anna, das ist Demokratie …

Wer hat denn jetzt Plätzchen dab … Ben, Max, ihr geht's mir so auf die Nerven, wenn einer von euch nochmal aufsteht, dann … Ja, ich weiß, dass ich in der Stunde vor Weihnachten keinen mehr bestrafen sollte, Magdalena, aber die lassen mir keine andere Wahl … Ja, ich weiß, dass man immer eine Wahl hat, Anna …

Tim, ich glaube ich spinne, ich habe doch gerade gesagt, es wird nicht mehr aufgestanden … Nein, ich habe nicht nur Ben und Max gemeint, auch alle anderen … Sag mir nicht, was ich dann in Zukunft sagen muss! Ich bin hier der Lehrer und ich weiß alles … Nein, das ist nicht ganz schön arrogant. Das ist die Wahrheit …

Ich lass mir jetzt von euch nicht meine Weihnachtsstimmung versauen.

Also, wer Plätzchen dabei hat, bitte herausholen und mit den Nachbarn teilen. Wer keine dabei hat, darf in meine Dose langen … Nein, das ist nicht unfair … Nein, es werden nicht die belohnt, die zu faul waren, etwas mitzubringen … Nein, ihr dürft darüber nicht abstimmen …

Ben, du kannst doch nicht dieses Teil durchs Klassenzimmer werfen! Ich habe dich gewarnt … Ok, tut mir leid, ich habe gedacht, du warst das … Nein, du bist nicht immer an allem schuld … Nein, das ist kein Mobbing … Nein, du musst das nicht deinen Eltern erzählen … Ja, ich entschuldige mich dafür … Sag mir halt einfach, wer es war, Ben … Ja, ich weiß, dass ich euch gesagt habe, ihr sollt nicht immer petzen … Ja, ich weiß, dass das dann eine Art von Petzen ist, Ben, aber es ist eine gute Art …

Sicher, Anna, wir können jetzt mit der Weihnachtsstunde beginnen … Ich teile einfach schon mal die Liederzettel aus … Ich weiß, dass ich euch die Lieder auch an die Tafel beamen hätte können, Evi … Nein, wegen meinen 20 Kopien wird nicht der ganze Regenwald draufgehen … Ja, ich weiß, dass das doof ist, wenn jeder so denken wür …

Jetzt reicht's mir, Max, ich hab's genau gesehen, du hast das geworfen … Nein, nicht immer auf dich. Ich hab's genau gesehen … Wisst ihr was, wir machen jetzt normalen Unterricht … Ja, Magdalena, da hast du natürlich recht, die sieben Minuten rentieren sich jetzt auch nicht mehr wirklich …

Boah, Max, du fliegst jetzt echt gleich raus … Da musst du gar nicht lachen, Elias, sonst fliegst du gleich mit … Was?!? Ich soll nicht so aggro sein?!? Ihr wisst doch nicht mal wie man aggro schreibt! … Nein, das war nicht unverschämt, Nadine, das war die Wahrheit! … Nein, ich chill jetzt nicht mal, Tim … Nein, ich chill auch nicht meine Base, Evi! …

Ich zähle ein, auf drei singen wir »I wish you a merry Christmas« … Ja, ich weiß, dass sich Englisch bei mir lustig anhört, Tom, deswegen bin ich ja auch Deutschlehrer geworden … Ja, wir können auch »In der Weihnachtsbäckerei« singen, Emma … Nein, wir stimmen nicht darüber ab, Oskar …

Konstantin, sag mal, musst du so laut schmatzen?!? … Das war eine rhetorische Frage, Konstantin … Nein, Plätzchen schmecken genauso gut, wenn man dabei den Mund schließt … Außerdem singen wir jetzt … Ben, nimm sofort den Finger aus der Nase vom Elias …

Also auf drei, 1, 2, … »In der Weihnachtsbäckerei« singen wir, das habe ich doch gerade gesa … Doch, habe ich schon … RUHE! … 1, 2, 3: In der Weihnachtsbäckerei gibt es manche Leckerei …

Jetzt hör endlich auf zu lachen, Elias … Mir egal, dass der Max auch lacht … Mir wurscht, dass der Ben auch lacht … Mir egal … Mir egal … Immer einmal mehr egal als du Max … und einmal mehr egal als du Ben … und als du, Tim …

Weitersingen! ... Wo waren wir eigentlich? Fangen wir nochmal von vorne ... 1, 2, 3: In der Weihnachtsbäckerei gibt es manche Leckerei ... Nein, das ist kein Kindergartenlied, Tim ... Alle weitersingen: zwischen Mehl und Milch macht so mancher Knilch eine riesengro ...

Mist, läutet es jetzt echt schon?!? Wahnsinn, so eine Weihnachtsstunde verfliegt wie im Flu ... HEY, die Stunde beende ich! Sitzen blei ...! ... Alle RUHE!!! ...

So, danke für die Ruhe. Liebe Schülerinnen und Schüler, mit dieser stimmungsvollen Weihnachtsstunde verabschiede ich euch in die wohlverdienten Ferien und wünsche euch von Herzen wunderbare, besinnliche und ruhige Weihnachten. Auf Wiederse ...!

Nein, ihr müsst euch nicht im Chor verabschieden ... Verschwindet's einfach! Frohe Weihnachten.

Weihnachtswichtel Konstantin

Es sitzt im kleinen Ohr vom Fritz
ein Männchen mit der Nase spitz
Doch auch sein Hütchen ist fürwahr
Ein ganz ganz spitzes Exemplar.

Das Männchen, das heißt Konstantin
Hat nur die Weihnacht in dem Sinn
Drum macht es sich in dieser Zeit
In des Menschen Ohren breit.

Leuchtet nun ein heller Schein
In des Menschen Ohr hinein
Dann beginnt der Wicht zu laufen
Durch sämtliche Gehörgangsschlaufen.

Sein spitzer Hut stößt dort im Gang
Oben, unten, seitlich an.
Der Wicht flitzt schnell und ständig
Das kitzelt Fritz unbändig.

So schenkt der Wicht zur Weihnachtszeit
Dem Menschen stets viel Freudigkeit
Springt jedes Jahr in andre Ohren!
Hat er dich auch schon auserkoren?

23

Weihnachten bin ich ganz weit weg! Ohne Stress, Handy und Telefon. Ich bin in mir.

Zwerg Isegrimms Weihnachtswunder

Es war einmal in einem Weihnachtswald, weit weg von allen anderen Wäldern. Dort lebte ein Zwerg mit Namen Isegrimm. Jedes Jahr, wenn der erste Schnee wie Puderzucker über das Grün des Waldes gestreut wurde, wurde es ihm ganz warm ums Herz. Denn er liebte es, für sich alleine jedes Jahr aufs Neue das wunderschönste aller Weihnachtsfeste zu organisieren.

Er backte Plätzchen, polierte das edle Geschirr und Besteck, setzte Weihnachtsbowle an und brachte sein Zwergenhaus auf Hochglanz.

Als der Heilige Abend kam, freute er sich auf die für ihn schönsten Augenblicke des Jahres. Gerade als die Sonne am höchsten stand und den Schnee wie Kristallfelder zum Leuchten brachte, hörte Isegrimm ein leises Bitten vor der Tür: »Liebes Männlein in dem Haus, mach dein Herz und Tore auf! Lass uns ein und schenk uns Glück, weis' uns nicht von hier zurück!«

Nicht wirklich erfreut öffnete der Zwerg seine Eingangstür. Einerseits war er zwar neugierig, was da draußen los war, andererseits nervte es ihn aber, dass jemand es tatsächlich wagte, seine Heilig-Abend-Ruhe zu stören.

Vor der Tür saß ein verwuschelter Hundewelpe mit großen braunen Augen und wedelte erfreut mit seinem hellbraunen Schwanz.

»Was brauchst du?«, fuhr der Zwerg den Hund an, ohne ihn davor zu begrüßen.

»Meine Familie und ich haben uns verlaufen und wir frieren. Bitte lass uns ein in dein Haus.«

»Nein, das geht nicht. Verschwinde!«, fauchte der Zwerg den Störer an und schlug ihm die Tür vor der Hundeschnauze zu.

Es dauerte nicht lange, da erklangen draußen erneut dieselben Worte, allerdings dieses Mal von zwei kindlichen Stimmchen: »Liebes Männlein in dem Haus, mach dein Herz und Tore auf! Lass uns ein und schenk uns Glück, weis' uns nicht von hier zurück!«

Wieder riss der Zwerg die Tür auf und blickte zornig hinaus. Da saß der süße wuschlige Hundewelpe und neben ihm ein noch kleineres, zartes Kätzchen. Sein weißes Fell sah wie ein Kuschelkissen aus.

»Lasst mich in Ruhe! Ich habe keinen Platz für euch!«, schimpfte der Zwerg und schloss die Tür.

Doch schon bald hörte Isegrimm mehrere Stimmen rufen: »Liebes Männlein in dem Haus, mach dein Herz und Tore auf! Lass uns ein und schenk uns Glück, weis' uns nicht von hier zurück!«

Dieses Mal entschloss sich der Zwerg, die Tür geschlossen zu halten. Allerdings wiederholten sich die Rufe immer und immer wieder und die Stimmen schienen immer mehr zu werden. Schließlich hielt Isegrimm es nicht mehr aus, öffnete die Tür einen Spalt breit und blickte hinaus. Der wuschlige Hundewelpe und das kuschlige Kätzchen blickten ihm direkt in seine Augen. Hinter ihnen hatten sich einige weitere Tierkinder versammelt. Ein Rehkitz auf wackligen Beinen mit einem süßen weißen Stummelschwänzchen, ein Schneehäschen mit weichem Fell und einem hübschen Knick in seinem rechten Löffelchen, ein Buntspechtküken mit wunderbar glänzenden Federn und ein kleines Eichhörnchen-Junges, dass sich verschlafen ständig an der Nase kratzte, anscheinend wurde es gerade von seinen tierischen Spielkameraden aufgeweckt. Alle Tiere sahen nun hoffnungsvoll in die Augen Isegrimms.

»Ihr habt wohl was auf den Ohren, wie?!?«, schimpfte Isegrimm, allerdings klang seine Stimme nun deutlich weniger hart als zuvor.

»Wir suchen eine Unterkunft für die Nacht«, antwortete das Kätzchen mit zartem Ton.

»Dann sucht weiter! Ich habe keinen Platz! Außerdem ist heute Weihnachtsabend«, sagte der Zwerg und wollte die Tür wieder schließen.

Da bemerkte er, dass sich die Tierchen alle gegenseitig aneinanderdrückten, um sich zu wärmen. Sie zitterten vor Kälte unter ihrem kindlichen Fell. Es tat dem Zwerg leid, sie so zu sehen, und sein Herz erwärmte sich mehr und mehr.

»Dann kommt rein«, brummte er und öffnete die Tür weit, »aber nur für eine Nacht!«

Glücklich sprangen die jungen Tiere in Isegrimms Haus und wurden sofort überwältigt von der wunderbaren Weihnachtswelt, die sie dort in Empfang nahm. Überall rote und goldene Kugeln, Tannenzweige, Kerzen, glitzernde Gläser und vieles mehr.

Allerdings staunten die Tierkinder nicht lange über die Weihnachtswunderwelt Isegrimms, sondern sie begannen, mit den Kugeln Ball zu spielen, sich gegenseitig mit den Tannenzweigen zu kitzeln, die Kerzen anzuknabbern und aus den Gläsern zu trinken.

Anfangs versuchte der Zwerg noch, ihnen jedes Teil einzeln aus den Pfötchen zu ziehen, doch als ihm die Hoffnungslosigkeit dieses Ansinnens bewusst wurde, ließ er sich erschöpft in seinen weichen Ohrensessel sinken.

Von dort aus betrachtete er das bunte Treiben in seinem zuvor so perfekt dekorierten Zuhause. Er sah die unglaubliche Freude der Tierkinder, die nun nicht mehr frieren und zittern mussten, sondern die ein wohliges Weihnachtshaus erleben konnten.

Als es Abend wurde, versammelte er alle Tierkinder an seinem Tischchen und teilte mit ihnen seine Grießsuppe, die es traditionell bei ihm mit Brot gab. Da die Mägen der Kinder schnell voll waren, begannen sie bald überglücklich, die Brote hin- und herzuwerfen und die Suppe auf dem Tisch, dem Boden und im ganzen Haus zu verspritzen.

Eigentlich wollte Isegrimm dazwischengehen, doch er brachte es nicht übers Herz, diese Fröhlichkeit zu unterbinden. Stattdessen versammelte er alle um den Christbaum und sang mit ihnen Weihnachtslieder. Obwohl die Tierkinder diese eben erst gelernt hatten, sangen sie schnell aus voller Kehle mit und erfüllten den Raum mit hellem Weihnachtsklang. Isegrimm hatte sogar auf die Schnelle noch kleine Pfeifchen aus Holz für jedes Kind geschnitzt und er schenkte diese nun mit einer Schleife verziert jedem von ihnen. Alle Tierkinder und auch der Zwerg strahlten über beide Ohren.

Plötzlich schrak das kleine, verschlafene Eichhörnchen auf und sprach mit weit aufgerissenen Augen: »Isegrimm, wir haben gar kein Geschenk für dich.«

Der Zwerg blickte sich in seinem Weihnachtshaus um. Tannenzweige, Kugeln, Kerzen, alles lag kreuz und quer im Raum verteilt, dazwischen Suppenspritzer und

Brotkrümel und vor ihm saßen ein Hundewelpe, ein Kätzchen, ein Rehkitz, ein Schneehäschen, ein Buntspechtküken und ein Eichhörnchen, die für dieses Weihnachtschaos verantwortlich waren.

»Ihr habt mir heute schon das Wertvollste geschenkt«, lächelte Isegrimm.

»Wie meinst du das?«, wollte das Schneehäschen wissen.

Da nahm der Zwerg alle Tiere in seine Hände und auf seinen Schoß und sah ihnen in die Augen: »Ihr habt mir heute den wahren Sinn von Weihnachten geschenkt«, sagte er und eine glückliche Träne lief über seine Wange.

Seit diesem Tag gibt es im Weihnachtshause Isegrimms Jahr für Jahr das wundervollste Weihnachtsfest im ganzen Weihnachtswald mit allen Tieren und dem Zwerg. Und jeder, der bis dahin dachte, dass ein perfektes Weihnachten von der perfekten Dekoration und Vorbereitung abhängt, wird noch heute durch Isegrimms Weihnachten eines Besseren belehrt.

24

Zu Weihnachten leuchten
für dich unzählige Sterne.
Du musst nur dein Herz für
sie öffnen.

Der Blick aus dem Fenster

Meine Tochter und meine Frau sind gemeinsam noch in die Schülerchristmette gegangen. Vorher waren wir alle zu viert in der Kinderchristmette für Kindergartenkinder, aber jetzt haben sich mein vierjähriger Sohn und ich nach Hause verabschiedet. Schließlich haben wir einen großen Auftrag: daheim die Weihnachtslichter zum Leuchten zu bringen – bis auf den Christbaum und die Krippe natürlich, denn die erleuchtet später das Christkind – und alles für das Raclette vorzubereiten und zu decken. Da wir sehr pflichtbewusste und strukturiert arbeitende Männer sind, haben wir die an uns gestellten Aufgaben in weniger als 30 Minuten und in – männertypischer – Perfektion erledigt. Somit war noch eine halbe Stunde Zeit, bis unsere beiden Damen nach Hause kommen würden.

»Papa, können wir mal rausschauen?«, fragte mein Sohn.

Ganz der nüchterne Analytiker antwortete ich: »Was willst du denn schauen? Unsere Mädels kommen erst in 30 Minuten, draußen ist sonst nichts los.«

»Aber, aber«, sagte mein Sohn zaghaft, »vielleicht sehen wir da draußen schon das Christkind fliegen«.

Das hat er also gemeint. Eigentlich hätte ich da auch selbst darauf kommen können, aber die Gedankengänge eines Erwachsenen sind nicht immer auf Höhe der Kinder. Leider.

Natürlich wollte ich mit ihm zum Fenster hinausschauen. Wir gingen sogar in den ersten Stock hoch, in dem sich ein herrlicher Leseraum mit riesengroßem Fenster befindet, durch das man über unseren Ort und den Wald in die Dunkelheit blicken konnte. Genau vor dieses schoben wir unseren gemütlichen schwedischen Wippsessel und nahmen darin Platz. Zuvor hatten wir alle Lichter im ersten Stock gelöscht.

Mein Sohn setzte sich auf meinen Schoß. Wir blickten hinaus. Ein sternenklarer Himmel, mond- und wolkenlos. Das Funkeln jedes einzelnen Sternes nahmen wir bewusst wahr und saugten es in uns auf. Würden wir das Christkind entdecken?

Es herrschte Stille. Eine allumfassende Stille.

Allerdings keine böse, einsame, traurige Stille. Sondern eine wohlige, eine, die einem zeigt, dass gerade alles perfekt ist. Alles passt. Alles ist gut.

Mein Sohn kuschelte sich ganz fest an mich. Ich umschloss ihn mit meinen Armen, als könnte ich mit ihm verschmelzen. Wir blickten hinaus. In dieselbe Richtung. Mit demselben Ziel.

»Papa, ich glaube, ich habe was gesehen. Ein Licht«, flüsterte er kaum hörbar in diese Stille.

»Ja, mein Sohn, das hast du«, flüsterte ich zurück. Wir hatten das Licht beide gesehen. Das Licht der Liebe, des Glücks, der Geborgenheit. Das Weihnachtslicht in unserem Herzen.

Wenn ich mir vorstelle

Wenn ich mir vorstelle
Ich könnt'
Am 24. Dezember woanders sein …

Unter Palmen am Strand
In New York am Times Square
Nordlichtschauen in Island
Schwimmen im karibischen Meer

In Südafrika Safari
Bei 43 Grad
Oder vielleicht sogar Bali
Atlantikkreuzfahrt

Was gäb's nicht für Ziele
Wo könnt' man nicht hin
Und machen's auch viele
Glaubt's nicht, dass ich spinn!

Von echten Kerzen der Duft
Ein Glühwein, der raucht
Weihnachtsmusik in der Luft
Nichts mehr, was man braucht

Die Lichter vertraut
Die Plätzchen, sie schmecken
Kinderlachen so laut
Das Christkind entdecken

Es lächelt der Baum
Es kuschelt die Decke
Es wartet der Traum
Hinter jedweder Ecke

Wenn ich mir vorstelle
Ich wär'
Am 24. Dezember woanders …
Dann wäre ich ganz sicher
Lieber daheim!

Nachwort

An dieser Stelle möchte ich zum einen Dankesworte schreiben: an meine liebe Frau Antonia, meine fröhlichen, weihnachtsbegeisterten Kinder Emma und Sebastian, meine herzlichen Eltern und meine ganze weitere Familie für die unzähligen glücklichen (Weihnachts-)Stunden, das große Verständnis und die viele Unterstützung. An meine vielen guten Freunde an verschiedensten Orten Bayerns, die immer für mich da sind und das (Weihnachts-)Leben so noch schöner machen. An meine Kolleginnen und Kollegen des Gymnasiums Gaimersheim und allen voran meine »Weihnachtsschwester im Geiste« Kerstin Kobs, für die Möglichkeit, das Lehrerdasein an jedem Tag aufs Neue wieder in seiner wunderbaren Vielfalt und Freude genießen zu können. An das Rosenheimer Verlagshaus und den Verleger Klaus Förg, die meinen Ideen freien Lauf lassen und mir vieles ermöglichen. Und an meine vielen Leserinnen und Leser, die die Freude an Weihnachten und am Leben mit mir teilen und denen ich hoffentlich mit diesem Buch einen kleinen »Weihnachtstraum« erfüllen konnte.

Zum anderen möchte ich in diesem Nachwort auf Grund der besonderen Situation, in der dieses Weihnachtsbuch 2020 entstanden ist, eine kleine zeitaktuelle Erinnerung notieren, die uns allen für die Zukunft erhalten bleiben soll:

Weihnachten nach dem Ausbruch des Corona-Virus 2020

Heute ist Dienstag, der 24. März 2020. Genau neun Monate vor dem nächsten Heiligen Abend. Im Moment gibt es in Bayern zur Eindämmung der Corona-Pandemie eine Ausgangssperre. Die Schulen, Wirtschaften, Shoppingläden und vieles mehr sind geschlossen. Deshalb sind meine Frau, meine beiden Kinder und ich seit Tagen zu viert daheim. Wir bewegen uns im Haus, im Garten und begeben uns auf herrliche, lange Waldspaziergänge. Über die Straße unterhalten wir uns mit unseren Nachbarn und Nachbarskindern, schenken uns gegenseitig viele gute Worte, viel Lächeln und viele aufmunternde Blicke.

Eigentlich wäre so eine Situation bis vor zwei Wochen noch unvorstellbar gewesen. Aber jetzt befinden wir uns mittendrin.

Eigentlich wäre unser aller Terminkalender jeden Tag voller Termine gewesen. Aber jetzt sind wir einfach daheim.

Eigentlich wäre doch so viel an Alltäglichem zu erledigen gewesen. Aber jetzt ist alles irgendwie unwichtig.

Wenn ich ehrlich bin, bietet mir die momentane Ausgangssperre ein Idealbild, wie man es zu Weihnachten machen sollte. Abstand von den meisten oder vielleicht sogar allen Terminen. Besinnen auf das Wesentliche. Besinnen auf die Familie. Besinnen auf sich selbst.

Vor allem zwei Dinge finde ich in dieser Zeit wirklich schlimm. Zum einen ist dies die Unsicherheit, was mit den älteren oder gesundheitlich schwächeren Menschen um uns herum und auf der ganzen Welt passiert. Wird das Virus bald irgendwie eindämmbar sein? Ich hoffe es so sehr!

Zum anderen ist es die Traurigkeit, weil wir die Großeltern meiner Kinder nicht sehen können. Denn das würde uns und unseren Kindern noch wirklich zu unserem Familienglück abgehen. Wir telefonieren zwar ganz viel und wir besuchen sie, halten dabei aber mehr als den geforderten Abstand von 2–3 Metern, um sie nicht weiter zu gefährden. Die Angst und Unsicherheit trübt die Idylle.

Ohne diese beiden Schattenseiten würde vielen Menschen gerade gezeigt werden, wie eine perfekte Advents- und Weihnachtszeit auszusehen hat. Eine Zeit ohne Stress, ohne unnötige Verpflichtungen, ohne selbst auferlegten Druck. Entschleunigt hätte jeder genug Zeit, sich auf sich zu besinnen und das Wichtigste zu erleben, was es auf unserer Welt gibt: Liebe und Familie.

Ich hoffe, dass wir bald das Corona-Virus überstanden haben werden, doch ich weiß es nicht (Ich werde diesen Text nach dem 24.3.2020 nicht mehr ändern!). Aber ich hoffe auch, dass wir aus dieser Situation endlich einmal wieder lernen, dass der Mensch nur ein kleines Zahnrädchen im Rad der Zeit und der Welt ist, und dass wir auf dieser wundervollen Erde sind, um glücklich zu sein.

Ich wünsche Ihnen allen in diesem Sinne von Herzen ein wunderschönes Weihnachtsfest mit unzähligen traumhaften Augenblicken!

Herzlichst, Ihr Hans-Peter Schneider
Preith, den 24.03.2020

Von Hans-Peter Schneider bereits erschienen

Weihnachtsstern
208 Seiten
ISBN 978-3-475-54841-3

»Wer kann das Wunder erklären, das mit den Menschen geschieht?«, fragt sich Hans-Peter Schneider in seinem Weihnachtsbuch. Mit zahlreichen Gedichten und Geschichten beschreibt er, auf welche Art und Weise die Weihnachtszeit erlebt werden kann. Sowohl in heiter-ironischen als auch in besinnlich-nachdenklichen Geschichten und Gedichten bringt er die vielen verschiedenen Facetten des Weihnachtsfestes zum Ausdruck.